定年と幸福

男の老後力

鷲田小彌太
Washida Koyata

文芸社文庫

定年と幸福　男の老後力

目次

序章　老いは男を哲学者にする　9

第一章　「生活不安」を感じる人へ　23

第二章

第三章

序章

老いは男を哲学者にする

1　小事を的確にこなし、大事に正面から取り組む

少々乱暴だが、まず最初に「老いは男を哲学者にする」といってみたい。

この言葉は逆説的な意味をもっている。「老いは男を（女も）脳ナンカ模様にする」という動かし難い事実に対置してみたいからだ。

定年後、静かだが充実した生活がはじまると考えることができる人は、どれくらいいるだろうか？　存外少ないのではないか、というのが私が周囲の人たちを観察しての実感である。なぜかせかせかしている。それも大して心配する必要もない事柄、小事としか思えないものに振り回されてだ。

小事など軽々しく取り扱ったり、無視してもいい、などといいたいのではない。逆で、小事はきちんと、つまり的確かつ迅速に処理することが大切なのだ。ところが多くは小事には手を拱《こまぬ》いていて、大事を敬遠ないし無視しているのである。「脳ナンカ模様」というゆえんだ。

これは仕事と雑事の関係に似ている。仕事が大事だ。雑事は小事だ。雑事はいい加減でもいい、できれば無視すればいい、ということになるだろうか？　だが観察してみるとわかるが、大事をなすことができる人は、小事にも強い。雑事を淡々と迅速にこなすことができる。

小事は的確かつ迅速にやる。大事とは時間を掛け正面からがっぷり四つに組む。私が「哲学的」という意味である。そして人生においてきわめて大きな部分を占めるのが、残念ながらというべきか、当然というのが本当なのだろうが、小事なのである。

この小事をうまく処理できなければ、大事をなすことはできない、などといいたいのではない。小事の能力に欠ける人でも、大事をなす人はいる。しかし稀《まれ》である。たしかに小事にまったく無頓着で、大事専一《せんいつ》と頑張った人は、私でも何人か知っている。だが大事をなしとげた人はいなかった。誰ひとりもである。

通常、哲学は根本的で普遍的な問題を取り上げるといわれる。大事である。そのとおりだが、哲学をするのは現実に生活する人間である。小事がその生活の大きな部分を占めるのだ。現実の生活を基盤としない哲学は、そういうものを好む人に任せておけばいい。学問としての哲学を好む人たちにだ。実生活にはほとんどいっていいいくらい影響がない。

定年後、静かで充実した人生を送りたい。しかしほとんどの人は、忙しく不満多い生活に直面せざるを得ない。忙しく不満多い人生が充実の人生だ、と錯覚している人もかなりいる。

老いとともに吹きあがってくる、直面する問題をブレイクスルー（突破）するために、哲学男になることをお勧めしたい、というのが本書の主張だ。ただし多くの人に向かってこれを書こうとは思わない。どんなに高く見積もってもせいぜい一割の男たちにである。一パーセントでも少しもかまわない。

2 「ライフワーク」にも締め切りを

大事といった。定年前後になると、にわかに「ライフワーク」を大事として持ち出し、語り、真剣に準備しだそうという人がいる。驚かないだけでなく、こういう人は大事をなめているのだとしか思えない。

ライフワークとは、生涯を賭けてやる仕事である。しかし、生涯を賭けてやるべき仕事などというものは、定年前後で九〇パーセントほど仕上がっているとしても、完成しないで終わるような性格のものである。

どんな仕事にも「締め切り」がある。締め切りのない仕事はおよそ仕事ではない。一生涯を賭けてやる仕事とは、できあがらない、ということを最初から表明しているのである。身の程知らずの大言壮語か、まったくやる気のない空語を吐いたにすぎない、と見て間違いない。

定年後は、つつましくいこう、などといいたいのではない。仕事は締め切りを設定して準備し、始める。まずこの心がけでいこう、というのだ。

締め切りがあるということは、仕事は「完全」に終わらないということだ。「仕上がる」が、「とりあえずのこと」なのである。もちろん「手抜き」があってもいいというのではない。課題が残り、仕上げが続くのである。定年後、やることがないなどという人は、締め切りで、一つ一つ仕事をしてゆこうという気のない人のことである。

こういう人が何ごとかをなし終えようとしたら、難しいだろうな、と思える。会社なら、会社の都合で締め切りが設定されている。自分で締め切りを設定して仕事をすることが困難な人は、締め切りが最初から決まっているところで仕事をすることを勧めたい。

じゃあ大事に挑戦するのは無謀であり、ムダだといいたいのか？　そんなことはない。どんな大きな仕事でも、部分からできあがっている。巨大な壁画だって、設計図は小さい。設計図なしは無謀な試みだ。さらにその壁画は部分に分解可能だ。プランを作り、部分から取りかかってゆく。たとえ、全部が完成できなくとも、設計図と部分（パーツ）は残る。それが意義あるものならあとの人に託すことは可能だ。

小西甚一《じんいち》博士は畢生《ひっせい》の大作『日本文藝史』全五冊を仕上げた。空前絶後の達成である。そのうえで博士は別巻として『日本文学原論』を上梓《じょうし》することを予告した。それから十数年たった。博士は残念ながら二〇〇七年に九一歳で亡くなられた。私たちの手に予告された別巻は届かなかった。残念の極みだが、比類なき五冊は残っている。博士は大事をなした。そのうえで未完成部分を残した。素晴らしい人生だろう。

3　定年後、孤独を感じるとき

定年後はまわりから潮が引くように人がいなくなってゆく。徐々にならまだ我慢もできようが、一挙にである。たいていの人にとって予想をはるかに超える減少ではないだろうか。「去る者は日々に疎《うと》し」とは定年後の「自分」のことと思える。寂しい。仕事が人間的つながりの中心であったことを思い知らされるときだ。

たしかに新しい人間関係もできる。仕事で結び合っているのではないから、競い合い、絡み合いの関係ではないから、長続きはする。まさに細く（淡く）長くであろう。これはこれで貴重である。

だが、ちょっと考えればわかるのは、定年後もすでに身を引いた仕事関係の仲間とつきあわなければならないとしたら、歓迎すべきことかどうか、である。それに、定年後も人間関係を続けることを決めるのは、自分ではなくて「旧」仲間である。それも「旧」人間関係の継続ではなくて、人間関係を新たに結び直すのである。あなたにこの新しい人間関係を結ぶにたる「魅力」がなければ、人を引き留めることはできない。

実際、すでに退職した「先輩」たちのことをあなたは在職中どれほど気に掛け、ときに訪ね、親交を結び続けようとしたか、胸に手を当てて考えてみるといいだろう。

ただし、ここで過去の反省を強いたって、「覆水《ふくすい》盆に返らず」である。問題はこれからのことである。

本当にあなたは友人が欲しいのか、まずそのことを考えてほしい。必要なときにだけ自分のそばにいてくれる友人、これを望んでいるのではないのか？図々しい望みだが、こういうのは簡単である。あなたが望む友人のほうへ移動すればいいからだ。相手を自分の所へ引っ張って来ることは難しいが、自分が引っ張られるようにして相手の所まで行くことは、あなたがそれを望むのなら、難しさはない。

これは皮肉でもなんでもなく聞いて欲しいのは、自分のほうから出向いてまで友人関係を結びたいと思わない人は、「孤独」のほうが好きなんだ、と思っていいだろう。自分を寂しがり屋だと思っている人のほとんどは、自分から出向かない人で、じつは寂しいほうが好きなのである。

友人がいなくて寂しいな、という程度の人は、ことは簡単で、仕事をして新しい人間関係をもつようにしたらいいのである。イヤなこともあるが、心がけ次第で、面白い出会いをもつことができる。

仕事をしないでも、老後の「孤独」を、癒すというか、楽しむ術《すべ》はいくらでもある。ありすぎるほどある。万事、自分で出向けばすむことだろう。

4　年金生活への不安

言葉というものは、つねに、厄介《やっかい》というか、厄介だから楽しいという側面をもっている。

「不安」は厄介で避けたい、と思うだろうか？　でも誰にでも心当たりがあるだろうが、「恋」をしたときの不安を考えてみるといい。なんの不安も感じないような「恋」は「人間」（この未知なるもの）を相手にしているのではない、すなわち「恋」ではないといっていいだろう。恋は歓喜であると同時に不安である。だから「めまい」を起こしてしまう。

恋の不安に比べたら「老後の不安」なんて、何ほどの不安であろうか、と思える。

「老後の生活は年金次第でどうなるかわからない！」って。バカいってんじゃない。老後は、それまでの人生の続きである。多少の変化や断絶はあるが、まったく別な人生が新しく始まるわけじゃないのだ。基本的には「因果応報」なのだ。

年金だってそれまでの人生の「結果」である。エッ、予定額は減るかもしれないって？「予定」はつねに「未定」である。しかも年金が大幅に減るわけじゃあるまいし、想定内のことにすぎないじゃないか。恋のように、いまこのとき泡と消えてしまうかもしれない、あるいはただの目眩《めくら》ましにあってのぼせ上がっているだけのことかもしれない、それにのぼせ上がらなければ「この程度の女」に執着しないだろう、などということは「恋」が冷めてしまえば、誰にでも了解できる。

「年金に不安」と本気で感じていると思っているあなた、あなたはよほど不安のない人なのでしょうね。「めまい」を起こし、動顛《どうてん》し、ぶっ倒れるというほどの衝撃を感じるような不安を抱いているのじゃないんでしょうね。

年金で騒ぎたい人の気持ちはわかります。ほかに騒ぐものがないんでしょう。あるっていうのですか？　ならば暇だから、あるいは気晴らしに騒ぐんでしょうか？「バカをいうな、収入が減るじゃないか」というんですか？　ケチの塊のようなことをいうんじゃない、その程度は稼ぐか、倹約ですむでしょう。いい大人が騒ぎ回り、顔を青くしたり赤くしたりすることじゃないでしょう。

政治家がやっているって？　それは政治家の仕事なの。舞台の上の役回りなの。そう思いませんか？

老後の不安はある。しかしその不安を忌避《きひ》すべきもの、あってはならないものと考えないことが大事である、というのが私の考えです。不安のない人生を送りたい人は、それはそれでいいかもしれないが「お前はもう死んでいる！」とケンシロウ（『北斗の拳』）にいわれることを覚悟したほうがいいだろう。

5　病気と死への不安

老後の二大恐怖は「病気と死」だそうだ。この恐怖を回避するために、「健康と長寿」を目指す生き方が求められている。

若いとき、強く「死」を感じた。身近にあると思えた。ところが六五を過ぎたが、病気や死を身近に感じることはできない。もちろん、病気になる。五体のすべてにわたってガタが来ている。何度も不如意なことをしでかしている。いつお迎えが来ても不思議でない、と思える。心臓がばくばくいってこのまま逝くのかな、と思えるときがある。私の胸底から漏れる言葉は「仕方ないか」なのだ。

それに「健康と長寿」を第一に生きていると公言している人を見ていると、とても「病気と死」を恐れて生きているとは思えないのである。健康と長寿でいるから恐れないのだ、というかもしれない。そうだろうか？

男なら考えるがいい。「病気と死」は「健康と長寿」のすぐそばに、背中合わせになって存在するのである。若いとき、どうしてこんなに死が身近に感じられるのか、理解できなかった。ところが、いつまでも健康で長寿の人が病気や死を苦にしていないかというと、そんなことはないだろう。

長く生きたということは、裏を返せば、長く死んだのである。生と死は両端の「始点」と「終点」ではなく、一〇年生きたということは一〇年生を終えた＝死んだということにほかならない。これは屁理屈ではないのだ。

二〇歳のとき生がものすごく重く感じられた。ああも生きよう、こうも生きなくてはというようなカオスの重さである。自分の中には、自分でもわからない可能性が少しは（この言葉は「かなり」＝相当多く、という意味だ）あるのではないのか、ここでこんなことで「これ」と人生の方向を決めてもいいのか、と思い惑った。死が重く感じられた理由ではないだろうか？

定年後である。ある程度生きた。ひとまずピリオドを打つことができた。そのうえで「何をして生きてゆこうか？」五〇代でさんざこのことを考えてみたが、選択肢はあまり（ここではせいぜい二～三パーセントしか）ない。自分が歩んできた中にしかないと思えるからだ。かなりの変化を求めても、「恐怖」で足が竦《すく》み、めまいをするというほどのものではまったくない。

若いときの「迷い」は九九パーセント空回りだった。老後の迷いはせいぜいのところ七〇パーセントの空回りにとどめたい、とどめることができるのでは、と思える。考えることは迷うことである。迷いの中から「解答」を導き出すことは誰にでもできる。でもある程度の空回りをよしとし、「自分が納得できる解答を出したい」と思える人に、これからおつきあい願いたいものだ。

第一章

「生活不安」を感じる人へ

若いときの不安、老いてからの不安

いま思い起こしても胸が苦しくなる。若いときの不安である。もちろん生活の不安はあった。定職がない。毎月ぎりぎりの生活である。でもしのぐことができた。「やりたいこと」がわかっていたからだ。私の場合は研究者になることだ。

逆に、「やりたいこと」がわからないという人は大変だろうな、と思えた。それでも一九六〇年代、フリーター（フリーアルバイター）になる人は稀《まれ》だった。どだい「フリーター」という言葉自体がなかった。とりあえず定職をもつ、だから生活の不安はない。だが定職に就きながら、何かしっくりいかない。あるいは違和感しか湧かない。そう迷いながらぐずぐずと時を過ごし、定職に飼いならされてゆくことに不安感を抱く友人たちがいた。「これでいいのか？」というわけで、まったく間違った軌道の上を走っている、あるいは、軌道も綱もない宙づり状態で彷徨《さまよ》っている、というような不安定の中を進んでいる感じだろう。

「やりたいこと」がある。しかしそれを実現する「能力」があるのだろうか？

能力があるとしてもポストがない。しかもそのポストをいつ得ることができるのか、まったくわからない。どこまで努力したら、目指す目標に到達できるか、の「期限」が決まっていない。この無期限という不安に悩まされる。しかも、先輩も、同期も、後輩も、目の前でどんどんポストを得てゆく。自分だけが取り残される。そして、永久に自分には寄るべきものはやってこないのではないか？　もうここら辺が引き際ではないのか？　どんな仕事に就こうが、研究は可能じゃないか？　こういう緊切《きんせつ》の疑問が切れ目なく押し寄せる。

いや待て、一日待とう。もう門は開かれつつあるかもしれないではないか。明日になったらお呼びかもしれない。こういう不確定の中で五年間が過ぎた。毎日毎日手探りである。じっくり考える余裕などなかった。あの五年間を思い起こすと胸が潰れる思いがする。この不安は主として「未定」からくるものだ。

定年になった。収入は年金だけになる。たしかに、病気になったら、という不安はある。でも若いときの、その日暮らしに似た、あの胸を塞ぐような前途に対する不安はない。じっくり考える余裕がある。

誰にとっても、年金だけでは老後を余裕をもって暮らすには不足である。だが「不足」とはなんだろうか？　欠乏とは違う。貧乏とはだいぶん異なる。年金の範囲内で暮らすことが「欠乏」なのか、「貧乏」なのだろうか？　総じて生活苦なのだろうか？　そうだ、とは私にはとても思えない。

病気は苦しい。第一痛い。痛くないまま死にたい、という人がいる。でもほとんどの人は「いますぐ痛くない死があるなら、死にますか」と尋ねられれば、ハイとはいわないだろう。

病気になると自由を奪われる。誰かかれかの世話になる。体が自分の思いどおりにはならなくなる。つらく、鬱陶《うっとう》しい。そのとおりである。でも、世話をするほうが鬱陶しいのじゃないのか？　介護は我慢できる。というか我慢するしかない。我慢したらそれですむ。

老後の不安のほとんどは、深く考えるまでもなく、不満や不足の類なのである。生活、仕事、健康等々に対して、これまでどおりにはゆかない、縮小と排除と我慢を強いられることに対する不満である。

1　働き続ける

計画的な毎日で生活にハリを

「定年後」を楽しく暮らす最大の工夫は、働き続けることである。九〇歳をはるかに超えてなお現役で活躍されている日野原重明《ひのはらしげあき》（聖路加国際病院理事長）さんは「新老人の会」を結成した。六五歳以上が高齢者だが、七五歳以上を新老人＝新高齢者とし、それまでは現役で活躍すべきだというのだ。さらに七五歳以上の新しい生き方、何ごとかを主体的に引き受ける生き方を提唱し、ご自身がそれを実践しているのだから、説得力抜群といっていいだろう。

「定職」は規則正しい毎日を創《つく》る、とヒルティ（『幸福論』）はいう。何十年も時間と会社に縛られて生きてきた。ようやくそれから解放される年齢に達したのに、またまた定時の仕事＝「強制」という枠にわざわざ自分を閉じ込めるのか、という人がいるだろう。

しかし、いつ起きてもいい、いつ何かを始めてもいい、イヤになったらいつやめてもいい。これははたして自由でありかつ楽しい生活、時間の使い方なのだろうか？　そんなことはない。何をしなくてもいい、というほど退屈、無聊《ぶりょう》なものはない。何もすることがないから、時間が有り余って、なんとなく(つかみどころがなく)、寂しいのである。

定年後も仕事がある、決まった時間に仕事がやってくる、という「安心」感こそ心の張りをもたらす基本である。「定刻」があるから、ときにそこからはずれるのが楽しいのだ。けっしてその逆ではない。

おそらく現在でも、七五歳まで「定職」があると、「高齢社会」の問題の過半は解決するに違いない。高齢社会の最大の難点は、「退屈」なのだ。その退屈の重大さに気がつかないほどに退屈なことだ。「退屈」に気がつかなくなるとはまさに「ボケ」だろう。身体的欠陥からくるボケというよりは、自ら進んで何もすることがないことからくるボケだ。

頭と体を使い続ける

働くことによって得る重要な恩恵は体を動かさなければならないことにある。年を取るとおのずと体を動かさなくなる。運動量、とくに移動量が減る。「頭」も体の一部だから、必然的に精神も肉体も「弛緩《しかん》」する。「バネ」が緩みっぱなし、たるみっぱなしになると、復元不能になる。かなりの人がそういう老人になっていないだろうか？

もちろん過度の運動はむしろ健康を害する結果になるから、慎んだほうがいい。しかし、肉体のほうは、高齢になってもトレーニングをすればかなり旧に復するものだ。ところが頭のほうは一度完全に弛緩すると元に戻るのが難しくなる。知的トレーニングをたとえ細々とであれ続ける必要がある理由だ。

運動、体を動かすためには、パークゴルフや旅行、ショッピングや観劇もいいが、同時に頭を多少とも使わなければならない。それには仕事を続けることがもっとも簡便である。それも毎日、時間の長短にかかわらず、ある程度精神の緊張が強いられる仕事がいい。

高齢になった。複雑な仕事は難しくなる。簡単で単純な仕事のほうがいい。

こう思うだろう。たしかにかなりの高齢者でも単純な仕事ならこなすことはできる。だが単純で簡単な仕事ばかりしていると、知的機能が退化してしまい、単純な仕事しかできなくなる危険があるのだ。

それに気をつけなければならないのは、スポーツのような運動をすると、気持ちは良くなるが、知的機能が低下することだ。よほどの訓練をした人でないと、思考力、判断力が低下する。仕事も一種の運動だが、そのほとんどは知的活動を必要とする。とくに集中力と持続力がなければ、仕事をやりとげることは難しい。年を取ると、この集中力と持続力を欠くようになる。仕事を長時間続けることが難しくなる理由だ。集中と持続を必要とする仕事は、若者に必要だが、老人にも必要なのである。

それに高齢者が仕事をする副産物というべきものに、家と会社の往復運動がある。若いとき、家と会社の距離がどんなに長くムダに感じられたことだろう。しかし、老人にとってこの往復は貴重である。世界とふれ合う瞬間瞬間がそこにあるからだ。

定年後も「仕事」で稼ぐ

定年後、仕事は「趣味」である。毎日毎日を張りをもって生きることができるために、無償でも働く。こういう心向きは貴重である。とくに高齢者は、ボランティアの対象になるより、ボランティアの主体になるほうが、どれほどハッピーなことかわからない。同じ体力の人でも、車椅子に座る人と押す人の「意気」（スピリット）は大きく異なるのだ。

無償は貴い。しかし、定年後も「仕事で稼ぐ」でいってほしい、というのが私見だ。もっとも「年金」だけでは満足した生活を送ることはできない、充実した生活のためには金が要る、だから働いて、稼がなければならない、という理由からではかならずしもない。金のために働くだけならば、生活をダウンサイジングする工夫をするほうが、効率的だといえる。

これは稼ぐことを軽視するためにいうのではない。逆である。

ビジネスにおいて、働いてその対価を得る。対価は仕事の評価の一環である。仕事の評価とは、働く人の評価でもある。経済学的にいうと、価格は価値を表出しているということだ。ただし一〇〇〇円の労働対価（価格）は、労働の価値が一〇〇〇円であることを表すわけではない。

これは一例だが、たとえば一〇〇円のパンと一〇〇〇円のケーキを作るとき、パンを作る仕事はケーキを作る仕事の一〇分の一の価値しかない、だから一〇分の一の熱度でしてもいいのだ、と思って仕事をするであろうか？　そんなことはないだろう。

報酬額がどうであれ、与えられた仕事に力を尽くす、これが仕事人のやり方である。それは老若男女を問わない。しかし力を尽くし、相応の報酬を得るためには、一定水準の仕事の能力をもっていなければならない。能力は体力と知力と熱意に大別される。

「年寄りの冷や水」といわれる。老人が、意気に感じてできそうもないことに挑むことである。でも何ごとによらず、ありすぎることは困るが、「意気」が重要なのだ。とくに老人にとっては、である。

対価のある仕事はない仕事より、欲得を離れて、はるかに意気を、生き生きと高めるものである。自分の働きが「まだ」対価を生むことができる、と感じることができるのは、定年後の人生を活力あるものにする、ということだ。

2　生活をダウンサイジングする

老後の長期計画は自然と立つ

誰にとっても、定年後の生活はダウンサイジングが必要である。しかし、その前に考えなければならない重要なことがある。

若いときは長期計画が立ちにくい。一年後、あるいは明日、どのようになっているか、予想がしにくいからだ。

私事で恐縮だが、一九七四年の暮れ、定職のあてもまったくなく、収入は（時間給で）ほとんど上昇しないのにもかかわらず、七三年と七四年の物価上昇（インフレ）の猛烈なパンチ（二年間で消費物価がほぼ倍になった）に遭い、そのうえ三番目の子が妻のお腹の中にいるということで、さすがに私も研究者になることを断念しなければならない羽目に追い込まれた。結婚五年目の年である。翌年になればますますひどい状態が待っているように思われた。

研究職以外の定職に就くのなら、田舎に帰って家業を継ごう、そういう思いが頭をつねによぎった。こういう場合、撤退先があることがより心を弱らせる因となる。ところが、である。友人が勤務校のポストが空くが、来る気があるか、と誘ってくれた。友人に窮状を訴えたわけではないが、ずいぶん無理して私を迎える算段をしてくれたようなのである。三二歳、私のそれまでの人生の最悪と最良が背中合わせになって、一瞬で逆転した年であった。

若いときは明日でさえどうなるかもわからない。長期計画など立ててもしょうがない。こういいたいのではない。逆である。不確定で不連続の時期だからこそ、一年、五年、一〇年等々、長期計画を立てて、しかも遠い前方を見ずに、足下の一段一段を進むほかないのである。

経済生活もそうだが、仕事でも同じだ。結婚するとき、五年で最初の研究成果をまとめよう、一〇年でオリジナルな研究成果を出そう、と心決めし、プランを立てた。そのとおりにはならなかったが、かなり近い線で進むことができたのではないだろうかと思う。

これに対して、老後は、明日も、一年後も、一〇年後も、事故や病気がないかぎり、ある程度以上に予想がつく。それに病気をはじめ、もしものときの「予備」も折り込んでいくことができる。プランを立てたらほぼそのとおりに進行可能なのだ。

とくに経済生活は収入と支出のバランスをとって生きる、が原則になる。収入は一定だから、すぐに予算が決まる。その予算どおりに進めばいい。長期計画だってわりと簡単に立つ。

しかしここが肝心なのだが、「予算の範囲を超えない」ということで、偶然やってきたおいしい機会《チャンス》を逃す、ということになる場合が起こるのだ。

たとえば、ダ・ヴィンチの「最後の晩餐《ばんさん》」を見に行こう、と「憧れの人」に誘われたとしたらどうだろうか？　一週間、イタリアのミラノまで往復最低四〇万円かかる（としよう）。明らかに一～五年分の「特別娯楽・予備費」を超えてしまう。長期計画を逸脱する。でも私なら、「行きます」と即答してしまうだろう。こういう幸運のためなら、五年間の「楽しみ」と交換してもいいからだ。

老後は長期計画を立てない。立てなくとも自然と立つ。たとえ立てても、それにとらわれない。そのときそのときで「ベター」なものを選ぶ。不足はあとから補う、という精神でゆく。もちろん野放図になる心配がある。でも「縮み思考」よりはいい。

最適サイズの住まいに移転する

とはいえ一度膨らんだ生活を切り縮めるのは、老後とはいえ、算盤勘定のようには簡単ではない。定年になると、通常、収入は半分以下になる。机上の計算では、夫婦二人だけの生活なら、簡単である。シンプル・イズ・ベストでいい、と思える。ところがである。

たとえば、自宅の状態（広さ）を見てみるといい。かつて子どもが住んでいた部屋が空いている。子どもたちのものが捨てられずに残っている。私の場合は、一部屋は夫婦の寝室に転用したが、二部屋が空き部屋になり「物置」同然である。単純にいって、二人なのに五、六人のサイズで暮らしているのだ。

それに長い間の結婚生活である。当然いろんなものが溜まる。物置（納戸）は何度片付けてもつねに満杯状態である。ほとんど使わないものを溜めているのだ。これを整理できない。

電気・ガス器具、暖房、冷蔵庫、電話、テレビ等々、は古いまま、ほとんど使わなくなったものもそのまま残っている。あるだけで定期的に使用料がかかる。これがバカにならない。

いってみれば、不用なもの、使用ずみのものに取り囲まれているのに、撤去・縮小できないのである。できてもごく一部にしかすぎない。

ダウンサイジングの簡単で最良の方法は、家のサイズを狭くすることだ。友人の建築デザイナーにいわせると「減築」というそうだが、現に住んでいる家を、たとえば二階建てを平屋にするように、半減することは難しい。費用もかかる。「大は小を兼ねる」という思考も抵抗原因となる。

それに先が見えているのにいまさら改築（減築）するなんて、それこそもったいない、という消極思考が作用する。「不用」なものを捨てる、とスパッと割り切ることができないのである。

生活を整理・縮小する最良の方法は、若いときも老後も原則では変わらない。最適の生活サイズのところに「移転」することだ。もちろん長期プランを睨《にら》んでのことだ。一〇～二〇年先のことを考えたら、一度の移転にかかる出費は大したことではない。

なんでも半分にする

生活のダウンサイジングを図るのは、あくまでも夫婦二人の楽しい生活のためである。ダウンサイジング自体は目的ではない。無用の長物に囲まれていてもいいではないか。それにいままで住み慣れた生活空間を捨てるなんて、もったいないというより、寂しい。すぐにこう思えるだろう。しかしこれを理由にぐずぐずしていると、二人で五、六人用のサイズにいつまでもへばりついているということになる。長生きするとまわりの親しい人たちが歯が抜け落ちるように亡くなってゆく。二人だけ、あるいは連れあいを失ってたった一人で、ガタピシの古家とともに生き延びてゆくという羽目に陥る。

「移転」は、できれば定年前の五〇代に行うことができればベターだ。決断力が残っているだけではなく、新しい酒は新しい器に盛るのがいい。定年になったら、ぼつぼつ新しく始めようと思っても、とかく人はぐずぐず過ごしてしまうものである。ハッと気がついたときには、すぐに一〇年たって動くことが億劫になってしまうものだ。

ダウンサイジングという。半減といってもいい。しかし人は「欲張り」である。増やすのは簡単だが、減じるのは難しいのである。

若いときは「一点豪華主義」でも乗り切ることができる。欠如部分は余裕ができたら満たそう、で我慢できるのだ。

たとえば自家用車に給料の半分くらいを使い、カップ麺をすすっている生活である。これを老後に求めるのは無理である。

なに悩む必要はない。「小事」だからだ。収入が半分で生きてゆくのである。一番簡単なのは全部をまずは半分にすることだ。何を残して何を削るではなく、なべて半分にする。

大型の冷蔵庫を処分して半分のものにすると、逆に出費がかさむ、という思考法をしない。半分サイズの中古の冷蔵庫にすればいい。場合によっては「新婚」世帯をもつ気分でいい。全部二人分である。

なに二〇年暮らすと思えば全部を買い換えても安いものだ。それに数を減らすだけでもいい物はたくさんある。大型のテーブルなど半分に切るだけでいい物がある。寝具や衣類など、ほとんどたちどころに処分できる。

二度と手に入らないものがある。そのとおりだが、この考えを保持すると、何もかも残ることになる。小事にとらわれるということだ。

3　寄生（パラサイト）する

パラサイトとは高齢者のことだ

フリーターやニート（Not in Education, Employment or Training「教育を受けず、労働を行わず、職業訓練もしていない人」）が非難の的になっている。彼らに対してとくに老人たちが眉をひそめる。だがこれは若い人だけのことなのだろうか？

たしかに若いフリーターやニートは親にぶら下がって気ままに生きているように見える。自分で働かないのは半人前だ。半人前のくせに遊びほうけているし、態度がでかい。まさにパラサイトである。なんだ、と年寄りが非難したくなるのはもっとものことかもしれない。

だが定職をもたず、学ばず、働きに出ず、トレーニングしない人とは、まさに定年後の人のことだろう。老人とはまさに真性パラサイトのことなのだ。パラサイトというと何か中性的になってその迫真性が薄れるが、寄生虫である。寄生虫が寄生虫を叱ったり、嗤《わら》ってどうする、といってみたいわけだ。老人になることの一つに自省心を失う、ということがある。寄生性老人症などはまさにそれだろう。

隣町で開かれている「老人大学・公開講座」で「老後をいきいきと生きるために」という題で講演を頼まれたことがある。定年後も働くべし、という主旨で語ったところ、「これまでずーっと働いてきた。このうえまだ働かせる気か」というお叱りを受けた。予想してはいた言葉である。

だが胸に手を当てて考えるまでもなく、パラサイトは若者だけではないのだ。老後は「年金」で暮らすといっても、老人たちは、国家に、ひいては現に働いている人たちにパラサイトしている事実に変わりはない。

「私たちは存分に働いて、会社に、家族に、さらには国家に尽くしてきた。その私たち（老人）をまだ働かせるのか？　ゆっくり老後を楽しむことを妨げるのか？　なんという酷なことをいうのか？」。こういって恬《てん》として恥じない老人がいる。過半を優に超すと見て間違いない。

老後は寄生虫になる。これはほとんどの人にとって避けられない「運命」なのだ。十分の資産があり収入が保障されている人でも、「年金」類の受け取りを断って生きる人は稀である。「寄生」を当然の権利と考えている証拠である。

私は寄生するなと主張したいのではない。定年後とは寄生虫の生活をすることだ、とまずは自覚してほしいのである。

子どもの世話になるのは当たり前

「子どもの世話にはならない」。こういう親が増えている。本気なら怖いというか、無謀である。

私はまだ年金支給を受けておらずに働いているが、六五歳で、平均年齢からいうと年金で生活する歳《とし》になっている。働くことができるあいだは「いつまでも子どもの世話にならずに生きたいものだ」と思っている。しかし子どもたちには「お前たちの世話にはならない」とはいっていない。妻は私より少し賢いのか「どんなに嫌がられても、息子の世話になる」という。私も、学生になって以来家から離れたままの息子に「母親の面倒はお前が見なくては」というメッセージが届くようにしている。

日本人のほとんどは、老後に寄生虫になる。年金、医療、介護制度等々の整備で、老親が子どもの世話になる割合が少なくなった。しかし親が子どもの世話をする、子どもが親の世話をする、これが家族の自然のサイクルだろう。「自然」というのは「野性」というのではなく人間に固有な関係性、当たり前(natural)の結びつきであるということだ。

親が子どもの世話をするのは「義務」であり、子どもが親の世話になるのは「権利」である。しかし子どもが親を世話するのは「義務」ではなく、親が子どもの世話になるのは「権利」ではない。このように親子の関係を「義務」と「権利」の関係でつかむと、じつに寂しいではないか。問題は寂しさ＝心情の問題だけではない。

老人福祉が充実してゆく度合いに応じて、家族関係が希薄になってゆく、とくに親子の扶養関係のサイクルが壊れてゆく。ひいては家族関係が壊れてゆく。老後、子供の世話になる必要がない。子どもを産み、育てる必要がない。こう、意識的あるいは無意識に考える人が増えてゆく。

だが精神的にはもとより経済的にも、老後、親が子どもにパラサイトしないですますことができるだろうか？　不可能である。たかが老人福祉の充実程度のことで、人間がその発生以来維持してきた親子の寄生関係を希薄化あるいは破壊してもいいのだろうか？　破壊してもいい、といいきれる人は親も子も無視しても生きることができるニヒリストか、とんだ見当違いをしている人かのいずれかである。

老人福祉は老人を国の寄生虫にする

老人福祉が充実してゆくことは素晴らしいことだ、老後の不安が解消されることだ。こう考えている人がどれほど多いかは、世論調査の数字に如実に表れている。

日刊工業新聞（二〇〇六年九月九日）ネットリサーチ（gooリサーチと日刊工業新聞による共同企画調査）によると、「老後の生活不安」でまったく不安がないが〇・九％、あまり不安がないが四・一％で、どちらともいえないが八・五％、多少不安が三三・五％、かなり不安が五三％である。

不安がないと考えている人が五％で、不安であると考えているのが八六・五％なのだ。驚くべき数字である。他の調査でもほとんど同じ数字が出ている。日本国中、生活不安だらけで、政治不満が爆発し、暴動が起こっているのではないか、と思えるだろう。まったくそんな気配すらない。たしかに二〇〇七年、安倍政権が「年金」問題で処理を誤り、参議院選挙で惨敗し、崩壊した。しかし、貧困を原因とする生活不安、社会不安などの類とはまったく違う。

社会福祉が貧弱だった時代、生活不安は基本的には「自分」のせい、せいぜい「会社」のせいであった。いってみればその原因は主としてプライベートだったのである。ところが高福祉社会である。それに高齢社会なのだ。「高齢者に高福祉を」である。老後の生活は「年金」にかかっている。その支払い元は「国」である。国民のほとんどが国にパラサイトして生きてゆくスタイルが定着したということだ。

高福祉社会とは自分の生命と財（収入）を国に預けて生きることを意味する。国への依存（パラサイト）度がもっとも高くなるのが老人（高齢者）である。老人とは単にパラサイトになるだけではなく、国の寄生虫になるということを意味する。

ところが現在、若者が年金不安を理由に、年金の積み立てをしていない。これが続けばいずれ年金制度が瓦解《がかい》する。国家への寄生虫がいなくなるということだ。歓迎すべきではないか？

老後が心配な人は、自分で貯蓄するか子どもに寄生するかのいずれかである。自立自尊の生活スタイルと家族の絆の取り戻しという結果になる。喜ばしいことのように思える。

4　不安のない不安がある

「お金」がある不安

最近の世論調査では、つねに、老後の不安は①「生活」（生活資金）と②「健康」（病気）の順であり、次いで③「年金」と④「介護」となっている。①と③で「金」、②と④は「健康」である。

じゃあ老後に「金」が潤沢で、九十歳を超えても介護不要の人に「不安」がないのだろうか？　まったくそんなことはないだろう。むしろ逆のように思える。

身近にこんな例がある。ビジネスで成功した。六八歳で引退するとき、資産は時価数十億円にのぼった。妻は早くに亡くなり、四人いる子どもたちには引退時に生前贈与でおよそ各人一億円に等しいものを渡し終えた。残りは社会事業に還元するつもりであると言明した。ところが子どもたちから猛烈な反対が出たのである。遺産が減るからだ。

彼は、自分の金だ、子どもたちにはすでに十分すぎるものを渡している、と突っぱねて社会事業を強行する。親子の関係が一挙に崩れた。孫さえ近寄らない。おのずと友人や取り巻きたちとのつきあいだけになってゆく。

年を重ねるとともに体の自由が損なわれてゆく。なるほど日常生活の支援、体の介助等は「金」でまかなうことができる。しかし「昼」の活動・社交が華やかであればあるほど、「夜」の一人の生活の孤独が耐え難くなる。たとえ正式ではなくとも「伴侶」を、ということになった。だがここでも陰に陽に陰湿な妨害が入る。「女」がいるがゆえに障害が増える。「遺産」(金)が絡むからだ。彼は、全財産を社会事業に「寄贈」し、子どもたちを呪いながら九〇歳の少し手前で、前途に大きな不安を残したまま亡くなった。

金があるゆえに癒しがたい「不安」が生まれる。前記の例は極端に思えるだろう。しかし、老後に金があるゆえに生まれる「不安」は、金の多寡の問題ではない。年金制度が改正され、配偶者にも半分を上限とする年金が支給されるようになった。そのとたん、それを理由に離婚劇が生まれた。新型の「金の切れ目が縁の切れ目」（「金をもらえた、ではさようなら」）ということである。

「健康」である不安

ある調査では、生活不安が八〇％に対して、健康不安が五〇％という数字が出ている。しかし「リッチだが病気だ」と、「プアだが健康である」とのいずれを選ぶかと問われたら、どちらを選ぶだろう？

理屈では、「金があっても健康でなければ楽しい生活を送ることはできない」という人が多いだろう。「ベッドに寝たままでも、金で好きな物を買ってゴージャスに生きたい」と断言する人は少ないだろう。しかし「本心」はどうだろうか？　歴史や周囲をつぶさに観察するまでもなく、「健康である」だけで満足して生きることは至難の業である。「貧しいが健康が第一」とは負け惜しみに響く。

人は「健康」であるだけでは満足しない。では健康であると、健康不安はないのか？　そんなことはない。ここでも、逆のように思える。

金があると、金に執着してしまう。より適切にいえば、金は人を惹きつけるのである。同じように、健康は人を惹きつける。健康を損なうと、健康になりたい、と誰しも願望する。それだけではなく、健康であれば、人はますます健康でありたい、あらねばならない、ということに執着する。

簡単にいえば、健康第一で、健康に悪いことは回避する、健康にいいと思うことはなんでも試みる、ということだ。健康であるがゆえに、健康を維持することに専心する、ということには「不安」の入り込む余地がないように見える。だが「健康過敏症」がある。もちろん「過敏」に軽重（程度）の違いはある。「体に悪いものは食べない」は軽症だろうか？　重症だろう。明らかに健康「病」に陥っている。病気でもないのに「健康」の不安に悩まされている。「脂肪分は多く採らない」は軽症だろうか？　軽そうに思える。しかし「多く」とは幅のある主観的な言葉だ。「一〇〇グラムは多いから九〇グラムにする」と「一〇〇グラムは多い。一〇グラムにする」では「多い」に極端な開きがある。

まわりを見渡してみればいい。とくに高齢者にかぎらない。健康病とでもいう人がいかに多いことか。しかも、健康病を批判すると袋だたきに遭うような

「空気」が充満している。

不安がないのは死＝生を自覚していないから

老後の不安がなかったら、どんなにいいだろう、と誰でも思うだろう。明日も明後日もなんの不安もなく生きてゆくことができる。お金ＯＫ、健康ＯＫ、年金も介護も心配ない、である。しかしことは厄介なのだ。「不安のない不安」があるからだ。

残念ながらというか、当然というべきか、明日も明後日もきっちりと決まっている、一段一段階段を上ってゆく、あるいは下りてゆくだけでいい、その先に「終点」がある、という人生プロセス（階梯）は存在しない。「未来」は不確定である。どんなに不安のない人生でも（のように見えても）、不確定という不安が待ちかまえている。

未来が不確定であるという「不安」があるだけではない。どんなに不確定でも、人は必ず死ぬのである。人生には終わりがある。その終わりをある程度引き延ばすことは可能だ。ある程度である。七〇歳より九〇歳は長い。一見して一二〇歳は途方もなく長い。しかし、違いはたかが二〇年であり、せいぜいが五〇年である、ともいえる。いずれ死ぬことには変わりがないのだ。どう生きようと大して変わらない、と断じることができる。

老後に不安があろうとなかろうと、この絶対の終わり（＝死）の前では違いが少ない、空無に等しい、ということができる。不安がないなどといっているのは、この絶対を見ようとしない、見る勇気をもたない、あきめくらに等しいというわけだ。

老後に不安なくルンルンノンノンとやってゆくことができる人間は、この根源的な「不安」を度外視して、金だ、健康だ、年金だ、介護だ、という「不安」をまき散らす者たちとどれほどの違いがあるだろう。不安ある病、不安ない病の「暗示」にかかっているにすぎないのではないだろうか？

エッ、誰もが絶対に避けることができない「死」を直視しようが、その「死」に覆いをかぶせようが、死が来ることに変化はないではないか、と反問するかもしれない。死を生の対極、生の終わりに見るとそうなるだろう。

「死」と「生」は別個独立にある反対物ではない。対立物の同一（表裏一体）

関係にあるのだ。単純にいえば、一時間生きるということは一時間死ぬということである。「死亡時」は「生の終わり」であり、同じに「死の終わり」でもある。人は時々刻々「死」を乗り越えて生きてゆくのである。死が乗り越え不能になったとき、最終的死がやってくる。死を直視あるいは自覚して生きることが、そのときどきの生を充実して生きることと同意な理由である。

老後に不安がないとは、この死＝生を自覚しない、根源的不安を不安と感じない無自覚で怠惰な精神のことである。

第二章

「孤独」を感じる人へ

若いときの孤独、老いてからの孤独

老いの孤独とは、イメージでいえば、たった一人、開け放たれた夕闇が忍び込む部屋に座っている場面だろうか？「取り残された」という受動的な姿だ。外に開かれているのに誰も、光さえも忍び込まない状態である。

対して若者の孤独とは、街の喧噪に背を向け、一人密室に閉じこもっているイメージだろうか？　自ら「ひきこもる」という能動的な姿で、自分の手で障壁を立てて他人の侵入を防いでいるという状態だ。

これは対極化された老いと若さとの孤独の平均的なイメージであって、現実の多くは二つの混合物であり、その孤独度も千差万別だろう。

ただし、孤独というか寂しかった若いときに想像上で描いた老後のイメージは、実際に老境に入った「孤独」のイメージとはかなり違っているように思える。若いときひりひりと感じられた孤独感が、老後はそれほどでもないというか、なんとなく耐えることができる気がするのである。一つは万事に「鈍感」になっているせいだろう。一人取り残されても、ま、そんなものか、と思えるのである。老人の「孤独」をあまり大げさに考えないほうがいい、というのが私の意見である。

過疎で共同体が壊れてゆく。退職で仕事仲間と離れ、高齢で友人縁者が残り少なくなってゆく。連れあいが死に、明日やるべきことがもう何もない。こういう事態は過疎化と高齢化が進行の中で日常化している。

しかし、都会（郷里）に家があるのに、自ら望んで私は二十数年間過疎地に住んできた。定年後、便利で人のいる都会に移住しようという気もなくはないが、現在の過疎地の生活を縮小するために、別な過疎地に移住することのほうに気持ちが傾いている。あるいは面倒だからこのままだらだらと過ごしてもいいな、とも思える。

つまり存分に孤独を感じてもいい状態なのに、肌身に迫ってこないのである。私のような状態は、かならずしも少数派ではないのではあるまいか？

1　仲間を求める

仲間のいない孤独

若いとき、とくに大学に入ってから、切ないほどに友人を欲した。しかし友人をもつのは至難の業であるということがすぐわかってしまった。というのも自分が必要とするだけでは親友にはなれないからである。相手が自分を必要としてくれないと、どんなに一生懸命働きかけても、親友関係は生まれない。これは、どんなにアタックされても、自分が必要と感じることができない人とは、親友関係になれないだけでなく、ありがた迷惑としか感じることができない、という事実からも明らかである。

仕事を辞める。仕事を通じてつきあってきた人たちが目前からきれいさっぱり消えてしまう。老後も仕事仲間と親密なつきあいが続くことはほとんどない、と思い決めてもいいだろう。そして、定年後「仲間」を作るのは難しいといわれる。本当だろうか？

第一、定年後、本当に親友を必要としているのか、と自らに問い質《ただ》してみるといい。定年前にも、親友と呼ぶにたる、自ら必要とし彼からも必要とされた友人がいたのだろうか、と自問してみるといい。親友は求めさえすれば与えられるものではない。「偶然」授かるのである。「僥倖《ぎょうこう》」なのだ。定年前に親友がいなかった人が、定年後に親友を得るなどというのは奇跡に近い、と思ってほしい。

定年後、親友がいないというので「孤独」を感じるのは、ないものねだりである。

たしかに、多くの人に囲まれ、馴染んできた人が、定年後、それらをすべて失うと、寂しい。「仲間」が欲しくなる。これは自然の流れである。

ただし仲間を作ることはそれほど難しいことではない。男でもっとも簡単なのは飲み仲間になることだ。飲むのは、店でもいいし、家庭でもいい。酒を飲めない人は、各種のサークルに入るといい。「文化」、「旅行」、「スポーツ」、「料理」等々よりどりみどりである。サークルに来る人は「仲間」を求めてくる人がほとんどである。すぐ仲良しになる人に出会うことができるだろう。仲間がいないので「孤独」だという人は、よほど人づきあいの嫌いな、正確には、ずぼらな人である。

仲間のいる孤独

仲間がいないのでひとりぽっちをかこっている、などと愚痴っている人にいいたい。その気になれば簡単に解消できるのだと。

ただし一つだけ気をつけるべきことがある。仲間になるよう働きかけることよりも、仲間を求めて来る人の相手になることが肝心であるということだ。何よりもその人たちの話に耳を傾けることだ。仲間が欲しいという人は、顔を向けてくれる人が欲しい、話を聞いてくれる人が欲しいのである。

ただし仲間が沢山いることと、孤独を感じることとは、同在するということを知るべきだろう。光があるから闇がある。というより、闇があるからより強く光を感じることができる。友人に囲まれ、あるいは友人とともに楽しんだあとがひとしお寂しく感じられるのである。「祭りのあとの静けさ」である。

何も「祭りのあと」である必要はかならずしもない。「祭りの最中」にふと強烈な「孤独」感を味わうことはないであろうか？　喧噪と享楽のただ中にいる自分と、そのただ中で酔っている自分を少し高いところから見ている「自分」を感じないであろうか？　喧噪（の仲間）も、喧噪の中にいる自分をも「無化」してしまう自分である。

酔う自分にはもっと酔ってもいいのだよといいながら、冷めた目で眺めている自分を感じるというのは、素直な人間ではないのだろうか？　そんなことはない。孤独の自分はまさに喧噪の中にいるときにこそ愛おしく感じ取ることができるものだ、と思えるからだ。

ひとりぼっちの孤独は、まだ孤独が「対象化」されていない、抽象的な段階のものである。孤独が対象化され、具体的に心身に迫ってくるのは、喧噪の中でも静かに目覚めている「この私」がいることに気づくときなのだ、と私には感じ取れる。

「孤独を存分に感じ取るために、街に出て、友人たちと語らい合う」というのはそれほど気障《きざ》でも、特異なことでもないことである。ただし、若いときにはこのような自分の孤独を喧噪という鏡に映し出す余裕はなかった。

君は孤独なのか？　孤独を欲しているのか？

詩人Sさんは原野開拓という、いつまで続くのかわからないひとりぼっちの生活の中で、人恋しさのあまり、熊でさえ出会えたらいいのに、と思ったと語っている。しかしこの詩人、都会の喧噪の中に棲息《せいそく》するようになると、しきりと一人だけの原野を愛おしみ懐かしむ詩をたくさん書いている。

孤独は寂しい、つらい、不幸だ。こういう価値意識がまかり通っている。老後は、孤独感が襲い、不幸な人生が始まる、などというイメージで語られる。たしかに、一人であるいは夫婦だけで生活していると、しきりと人に会いたくなる。都会に行きたくなる。これは事実だ。じゃあ都会に出て人と楽しい時を過ごしたら、孤独感は薄れるのだろうか？　薄れるのは一時的で、いっそうの孤独感を味わう結果になる。

ということは、人は孤独を逃れるために都会に行くのだ、というのは事柄の一面にすぎないということである。都会に行くと、よりいっそうの孤独を味わう結果になる。

都会に行き、人に会い、喧噪にまみれるのは、より深い孤独を求めるからである、ということが可能である。孤独は嫌悪や不幸の単純なる対象ではない、といいたいのだ。

孤独を欲するために人のいない過疎地生活をする。同時に、孤独を求めて都会に行く。そこに住む。こう考えると、人間の心境はつねにフラットではなく、往復関係にあることがわかるだろう。これを逆にいえば、都会に住もうと孤独であり、過疎地に住もうと孤独でない、ということも十分に可能だということだ。

私は二〇年以上過疎地に、その過半は「無人」同然の地に住んできたが、一度として「孤独」感に苛《さいな》まれたことはない。私が鈍感なのだろうか？　友人（飲み友だち）と喧噪とを求めて毎週都会に、それも遊興街に出て行くが、ほとんどは翌日の早朝、逃れるようにして帰宅することをつねとしている。

2　孤独は楽しい

老後の孤独は本当につらい？

孤独はつらい。人間関係の機微がのみ込めなかった若いときは、とくに学生時代は、ひとりぽっちの時間がつらかった。一つはそれまで慣れ親しんできた家族との生活が断ち切られた結果である。いま一つは新しい人間関係が生まれ、それまで経験のないようなひりひりするような刺激を与えつつあればあるほど、たった一人の時空が物足りなく白々しく感じられる時期だからだ。とくに異性の相手ができたときなどはまさにそうだ。二人でいる楽しさよりも、一人でいる惨めさのほうがずっとつらいのである。

対して老後の一人ぽっち、あるいは二人ぽっちは、「孤独」とよぶのにふさわしいのだろうか、と自問してみる必要がある、というのが私の意見である。

たしかにひとりぽっちの生活に新しい人が入り込んでくると、喜びというか、刺激が増す。心躍りしている自分を強く感じることができる。

同時に、刺激がありすぎてしんどい、というのが本当のところではないだろうか？　疲れ、ときに疲労困憊《こんぱい》し、この刺激が早く去ってほしい、と真底望んでいる自分を見いだせずにはいられない。

つまり、そんな新奇の刺激がなくとも、ちっともかまわなかった自分に気づくということだ

老後には孤独が待っている。それを逃れることが老後の重大事だ。だから、日ごろから友人を作り、積極的に外に出る、ときに旅行に出ることが必要だ。こういわれる。私には「偏見」というか「誤解」に違いないと思える。

老後は若い人から見ると「孤独」に見えるのにすぎないのではないだろうか？　老いてゆくもの、衰退してゆくものに「寂滅《じゃくめつ》」感を抱くというのは普通の感情だが、事柄の中身を度外視してのことにすぎない。

老いると新しいものが鬱陶しくなる。過度な刺激に耐えられなくなる。これをマイナスとみなす必要はないのだ。

自分たちが今まで培ったもので生きてゆく。刺激に過度に反応しない。これ

はむしろ老いることによって得る賢明さであるのだ。

孤独の楽しさを満喫する

若いとき孤独をどうやってやり過ごしたか？　刺激を求めて昼となく夜となく巷を徘徊した、という人は稀だろう。一人の時間がやけに多かった。私の場合は、まずは映画と本であった。テレビをもつと、映画が激減した。本は読めば読むほど、その機会が増えていった。

映画も本も、単独で楽しむものだ。私のいい方では「独楽」である。「孤独」でなかったならば、たとえば共同鑑賞だったたならば（二度ほどディズニーの映画を見せられた）、映画を一年間に千本観るなどという愚挙にはならなかっただろう。金がなく、晩飯か、貸本かの二択で、晩飯を抜いて本を読むなどという挙に出なかっただろう。まさに映画と読書は「孤独」であるがゆえの所産であるといっていい。

しかし動機がどうであれ、映画も読書も、寂しさを癒す薬剤ではなく、それ自体が至上の喜びだった。もし私に友人あるいは恋人がいて、彼らとの楽しい時空が用意されていたら、それに熱中し、映画も本もそこそこで終わったに違いない。

では老後に「孤独」の楽しみを満喫できないであろうか？　人間は変わらないというか、進歩しないもので、私にはあいかわらず映像（テレビとＤＶＤ）と本である。本を読んで疲れるとＤＶＤを観ている。視力は弱いが、目は丈夫なのか、家にいるときはパソコンモニターの前で原稿を書いているか、本を読んでいるか、テレビの前にいるかである。

一人だけの空き時間がある。「孤独」ではなくて「独楽」なのだ。この独楽を得るテクニックも、独楽を楽しむマナーも老熟した。テレビに本、それに酒があれば「独楽」の完成である。老後はこんな程度で人生を楽しむことができるのである。

だが人は、老後には、若いとき、忙しかったときできなかったことがしたい、と思いがちのようである。でも無理ではないが難しいのである。

若いときから培ってきた「独楽」でゆくのがいいのだ。もちろん、同じ本、同じ映画でも、若いときと老いてからでは、楽しみの「質」が異なる、楽しむマナーも変わって当然だ。

孤独のつらさを楽しむ

若いとき「孤独」であるということが辛かった。同時にその辛さがなんともいえないひりひり感となって、わが身を苛むと同時に、いままさに生きているのだという実感をより強くする方向に働くことがしばしばあった。

これは自分勝手な想像だが、連んで歩く学生たちを見ていても、羨ましいとも眩しいとも感じられなかった。群れてしか楽しめないのだ、むしろフワフワした楽しみ方しかできないのだ、と見えた。

ただし三〇代に、本格的には四〇代になって、仲間だけでなく仲間でない人たちとも連んで楽しむ術を覚えたが、その独特の楽しみを味わうことができたのは、「独楽」があってのおかげだったのではあるまいか。一人で楽しむマナーを身につけると、大勢で楽しんでいるとき、「お前は楽しいヤツだ」と認められることがよくあったからだ。

これは私だけのことではないだろう。同僚や仲間に「背負い投げ」を食らうような目に逢うことがある。ことのほか「孤立」や「孤独」を感じる。もちろん猛烈に腹が立っている。こういうときなぜか猛然と仕事ができるのである。日ごろちょっと手をつけにくいなと思うテーマにも身を乗り出しているのだ。たしかに精神がストレートになり、暴走気味になるが、その突進力は外にではなく内に向かってゆく。結果、予想外の仕事に取りかかることができるだけでなく、仕事がはかどり、つれて孤独感は薄くなり、ま、いろいろあったが許せるな、ということになって、精神の安定を取り戻すことができるのだ。

この心意の転移は「窮鼠《きゅうそ》猫を噛む」の具合とは明らかに違う。孤独を楽しむというよりは、孤独のつらさを楽しむということだ。ハード（つらい）はハードワークの源泉になる、ということだ。「なんだ坂、こんな坂」で進んでゆくことができるのである。

3　いまの「老後」は一人でも楽しい

読書は老後を潤す

つくづくいい社会になったと思える。老人にとっては、である。「孤独」とは、もっとも極端化したイメージでいうと、誰もいないところで、たった一人、やりたいことができないまま、移動困難で、沈黙が支配する状態のことである。旧来、まさに老後の生活のイメージと重なるかのようにみなされてきた。「孤独死」という言葉を引くまでもない。

しかしちょっと世の中を眺め回すといい。「高齢者」の入り口とされる六五歳は「老後」というイメージとはほど遠いのである。ほとんどが元気なのだ。世の中を闊歩《かっぽ》している。

高齢者たちの多くは、肉体的にも精神的にも、世の中から「リタイア」（引退）したという生き方とはおよそ異なるように見える。私が懇意にしてもらっている人のかなりは、七五歳を一通加点とみなして生きているようなのだ。むしろ問題なのは、その元気のもって行き場がないことのようなことである。

それなのに、かつてちょっと知的で気取った「晴耕雨読《せいこううどく》」という言葉があったが、それに代わる言葉が見つかっていない。それでもやはり「読」は老後の生き方を潤すオアシスであることには違いない。

老後、「本」を味わう楽しみをもっていたらどんなにいいだろう。好きな作家の作品をゆっくり味読してゆく楽しみを存分に堪能できる。たった一人で、居ながらにしてである。

ただし読書には思っている以上に気力というか、集中力がいる。この点でテレビをはじめとする歌舞音曲というか映像や音楽とは本質的に異なる。精神の能動性をより強く要求されるのだ。膨大な活字を一字一字拾い、つなげ、イメージを醸成し、それを噛みしめ、味わってゆく集中力と持続力を必要とするからだ。若いときからいくぶんかでもトレーニングしていないと、いわゆる「孤独」を楽しむ最大の手段である読書を楽しむほうへ気力を向けることは難しいのである。

それでも一年に一〇冊、一〇〇冊の本がどれほど人生にさまざまな彩りを与えてくれることか。ところが、ジュニアやビジネスマン用の本や読書論はさまざまあるが、リタイア後のシニア用の本や読書論はいたって少ないのである。誠に残念だ。

テレビとパソコンとケータイは必需品

書物に比べると、テレビははるかに気楽に時間を楽しく過ごすことができる媒体である。おそらく人類史上、誰でも、どこでも、即座に楽しむことができる最大の発明物が、テレビではないだろうか。特に老人にとっては最大の贈り物であると断言できる。

なるほどテレビ「一億総白痴化」（大宅《おおや》壮一《そういち》）の指摘が当てはまる部分がないわけじゃない。だが特に老人にとってテレビほど簡便で楽しむことのできるメディアは存在しない。

平均寿命が延びた最大の貢献はテレビが果たしてきた、と私には思われる。生きる楽しみを、誰でも何歳になっても、病気で苦しむ老人にとっても、持つことができるようになったからだ。

パソコン、ケータイは若者にぴったりの持ち物と思っている人が多いのではないだろうか。たしかに最初はパソコンもケータイも、老人たちには操作しにくい若者の道具のように扱われてきた。

しかし、鉛筆や万年筆で書くよりパソコン（ワープロ）で書くほうが格段に楽なのである。それにワープロで書くと、すらすらと文章が書けるのである。パソコンは書く機械であるだけではない。考える機械である。だからパソコンで書くと誰でも文章が書けてしまうのである。パソコンの操作は、基本的な部分にかぎっていえば、考えられているほど難しくない。自転車に乗るよりも簡単である、といっていい。年寄りが十分親しむことができる必需品である。

パソコンはそれで書けるだけではない。書いたものをただちに相手に送ることができる、インターネット・メールの機能を持つ。もちろん相手からも送られてくる。そのうえ、ネットを通して世界中の「情報」がたちどころに飛び込んでくる。新しい情報だけではない。おそらく近い将来、デジタル化された世界と日本の「文書」（古書や資料を含めて）を居ながらにして、集め、読むことができるだろう。

それにケータイである。ケータイを使ってみるといい。若者にとってはこんな便利なものはないだろう。パソコンの代わりを十分はたすほどの高機能をもつようになった。しかし年寄りにもこれほど便利な道具はないだろう。

ケータイ一台あれば、テレビもパソコンもいらない、と思えるほどになった。居ながらにして、パソコンを開かなくても、簡単に電話、メール、写真電送、情報収集ができるようになった。それに年寄りにとってありがたいのは、日本国中、地図を持たずにどこでも歩けるようになったことだ。

使って馴染みさえすれば、老人にとってこんな便利で使いやすいものはない、と思えるだろう。

車が「足」になる

高齢になる。目が悪くなることとともに、足が弱くなるのが最大の「難点」である。老人とは動かない人というより、動けない人のことである。しかも、現代人である。足が弱くなった。歩く必要が減ったからだ。

しかし、車社会である。足で歩く距離と車で移動する距離は、一〇～二〇倍違う。しかも、車は好きなところにドア・ツー・ドアで運んでいってくれる。この車社会、若者たちのことであろうか？　そんなことはない。四〇年前、私たちが、ましてや老人が車を乗り回して、日本国中どこへでも移動しまくるなどとは、誰が想像しただろうか？　現在でも、公共の乗り物がないところは「陸の孤島」などと芳しくない呼ばれ方をされる。私はそんな「孤島」に二十数年住んできた。でも車のある生活で、不自由なくやってきた。

ところがこの車、「若者専科」のように思われてきたのである。「走る凶器」などとみなされてきたのだ。しかし、車の運転は考えられているほど難しくない。私の経験では、車に乗るのは自転車に乗るより簡単だし、危険が少ない、と断言していい。第一自転車は、たとえ乗れても停《と》まると倒れる＝危険だ。車は停まると、安定＝安全である。

事実、車が老人社会に浸透するにしたがって、「孤独」（動けない）は老人に特有のものではなくなった、といっていい。現在の四〇～五〇代が六〇～七〇代になるころには、というと二〇年後には、日本の高齢者のほとんどが車の運転をしているのである。車椅子の人だって、自分で運転して移動可能な時代になったのである（私の知人に車椅子の人で、八〇代と六〇代の人が車で移動している）。

しかも車の居住環境が良くなった。単なる移動の道具ではなく、家や会社、さらには他の施設とはまた違う、パーソナルでリラックスした時間を過ごすのに適した空間になってきた。気分転換にドライブをするなどは、年寄りの楽しみの一つになったのだ。

いま、書物、テレビ、パソコン、ケータイ、車というように、老後の時代を楽しく過ごすための老人特有の代表的媒体を見てきた。しかしこれらはとてもごく一部である。むしろ「たった一人」で膝を抱え込むような生活の仕方のほうが難しくなった時代に私たちは生きているのだ、という確認が大切ではあるまいか。

4　孤独と孤立

「孤立」から「孤独」へ

　年を取ると、昔が懐かしくなる。美しく思い出される。こういう人がいる。事実だろう。しかし、私の思い出の中心に腰を据えている「昔」はおよそ美しいとは対極の情景である。人間関係である。

　周囲が貧しかった。寒かった。家族や親族のこと、近所のこと、およそ自分をとりまく周囲のことがひどく気に掛かった。小さな村だった。全員がお互いを監視し合っている「農村共同体」の中で暮らしていた。

　理由はわかっていたが、子どもの力ではどうすることもできない「敵意」に私の家が囲まれていたように感じられた。遊び仲間も級友もいたが、つねに陰口がまわりを覆っていた。厚い霧の中に閉じ込められたような「孤立」感である。どこまで行っても突破不可能な閉塞感に囲まれていた。

この霧の壁を出たい、というのが少年時代の最大の願いだった。越境入学を許してもらい、大学は誰も行かないところを受けた。親族の誰もが反対した。しかし私の唯一許されたと思えた「合法的家出」である。あとには引けなかった。

都会に出た。一人の生活が始まった。「孤独」感に苛まれたが、敵意に囲まれているというストレスをまったく感じなくてすむ生活が始まった。一年半くらい「自閉」に陥ったが、はじめて「ひきこもり」の解放感を味わうことができた。私の本格的な読書時代の開始である。二〇歳になっていた。いささか遅すぎたが、自分からドアを閉じると「一人」になることができる「孤独」はなんと気持ちのいいものだという喜びを全身で享受することができた。

しかし今静かに思い起こしてみるに、この私の孤立から孤独への変移は、かなり無理のあるものだということがわかる。といっても一度手に入れた「孤独」の快適さは、結婚しても、老年に達しても、少しも変わらないのである。むしろこの孤独を手に入れることができたことの「幸運」を言祝ぎたい気持ちである。

こういう私の経験は特殊なのだろうか？　孤独を満喫する幸運をあなた方の中に発見できないだろうか？

自ら「閉じこもる」気があるか？

重要なのは、「孤立」や「孤独」の中に閉じ込められるのではなく、「閉じこもる」という積極的なスピリット（気）があるか、ないかである。

定年になり、老人になるということは、一人でいる時間が格段に増えるということである。問題は寂しくなることではない。「閉じこもる」攻勢さを失うことである。

働いて忙しいとき、一人だけの時間が欲しい、というのが常態であった。一人だけの時間を獲得したとき、多くの人が演じるのは、「孤独」とは対極的な「繁華」に身を任すことだった。レストランでのおいしい食事、リゾートでの開放的な有閑、コンサート会場での興奮、等々である。「閉じこもり」から身を避ける、これである。

老後、否も応もなく、一人の時間が多くなった。人のいるところへ、喧噪へ出よう。パークゴルフ、居酒屋、カルチャーセンター、行楽地、温泉巡り、パック旅行などである。どれも自ら閉じるのとは逆方向の言動である。たしかに楽しい。だが一時ではないだろうか？　一時でもいいのだ、というのはそのとおりだろう。

しかし頭をぐるっと巡らせて考えてほしい。老後の楽しさの本領は、自分を積極的に閉じる方向にあるのではないのか、と。

エッ、一人でいると、寂しいだけでなく、退屈するって？　そうだろうか？　たとえば、やりたい仕事が見つからないから、仕事に熱中することができない、という人にいいたい。方向が逆なのだ。仕事に熱中すればするほど、やりたい仕事がおのずと見つかるのである。同じように、一人でいると単に寂しいにすぎないという人は、一人でいることに熱中していないのである、といいたい。秋田の横手から栃木の那須黒磯（板室《いたむろ》温泉）まで高速を一気に突っ切ったことがある。旧ブルーバードを駆ってたった一人で、である。快感であった。快感の記憶がいつまでも残った。もちろん虚脱状態になったが、虚脱とは忘我＝恍惚であり、解脱でもある。エクスタシー、「存在の外に出ること」＝「夢中」

である。

読書に、映像や音楽に、一人で楽しむことができるものを心おきなく堪能できる。その本筋があってこそ、リゾートに行ったときの歓楽が倍加する。

孤独も孤立も自分が播《ま》いた種

年を取ると、よほどの人でないかぎり、まわりから敵意が薄れてゆく。「孤立」感が除かれてゆくのだから、ストレスが小さくなってゆく反面、妙なもので何か物足りなさを感じるようになる。対して「孤独」感が深まってゆくように感じられる。

私は、自身の経験の中に孤立や孤独があったことを嘆いているのではない。一つは孤立や孤独の種はおよそ自ら播いたのであるからだ。

少年時代、敵意と反感に囲まれている境遇を甘受できなかった。その種は祖父が播いたもので、私にはまったく無縁ではないが、責任はない、それなのに私にも敵意を放つなんて理不尽だ、と思えたのである。だがどうして祖父や父がその孫や子である私と無縁である、などといえるのだろうか？「自分の中に閉じこもる」ようになって、自分の家系のことはわが身と無縁ではない、と思えるようになった。それに少年時代、とりまく敵意に無関心を装うことができず、敵意には敵意で応じたのである。この私の態度は周囲の人の反感や敵意を大きなものにしたのである。祖父や父ばかりでなく、私も敵意の種を播いていたのだ。

対して「孤独」は、意識するしないにかかわらず、自分が播いた種である。誰のせいでもない、と思ったほうがいいのだ。

人を遠ざける人がいる。その多くは、理由があるなしにかかわらず、自分が嫌われていると思っている人である。実情は、人に好かれたいのに、好かれる努力をしない人で、自分はいい気持ちにさせられたいが、人をいい気持ちにさせる気も術も小さい人である。簡単にいえば軽い被害妄想の人なのだ。

孤独は自ら閉じるという精神構造のことで、人間の精神構造の「本質」（ほかの生物と異なる要素）である。自分だけの世界に閉じこもる能力をもった人は、理念的にいえば、どんな喧噪の中でも、いかなる孤島の中でも、楽に（楽々と楽しくeasy and happy）生きてゆける。孤独を楽しむとは、自分で種を播き、水をやり、育てることにほかならない。
でも人は「孤独」が嫌いだ、と思っている。とくに老人たちは、だ。偏見である。

第三章
「学びたい」と感じる人へ

目的や課題をはっきりと

五〇代を過ぎると、学びたい、学び直したい、と痛切に感じる人がいる。私の飲み先輩にも、定年後にW大の大学院に進んで、若いときビジネスマンになったため断念した学問を学び直し、修士論文を書いた人がいる。あるいは、実業世界を早期に引退し、物書きになりたかった若いときの「夢」を実現するために、六〇からの手習いに挑戦し、着々とそれを果たしつつある人がいる。このお二人、七〇歳をもうだいぶ過ぎたが、気持ちが若いだけでなく、肉体も若々しい。

もっとも、定年後に、学びたいという「思い」と実際に学ぶということの間には「距離」がある。多くの人は「思い」はあったが、取り掛かるといくつかの壁にぶつかり、あえなく初期段階で撤退、ということで終わる。定年後、知人の幾人かが「書斎」を作ったが、一部は物置、一部は居眠りの場所に変じている。「晴耕雨読」はあんがい難しいのである。

「仕事」に絡んだ特定の目的や課題がある場合、そのために「学ぶ」のはかなり楽になる。否《いや》も応もない一定の強制力が働くからだ。

ただしその課題が「ライフワーク」と称する類のものだったら、とても厄介だと思ったほうがいい。ライフワーク（生涯を賭ける仕事）には、締め切りがない。いつ、どこまで仕上げなければならないという「仕切り」がない。延々と続くはずのものは、じつは続かないのだ。

パリからスペインの西端サンチャゴ・デ・コンポステラまでおよそ二〇〇〇キロメートルの道を、ピレネーを越えて歩く巡礼たちに出会ったことがある。この巡礼の旅がどんなに困難でも、長時間を要するものであっても、「目的」（ゴール）がはっきりしている。毎日きちんと歩いてゆけば、たどり着くことが可能だ。目的や課題がはっきりしている場合、「ステップ・バイ・ステップ」（一歩、一歩）で進むことができるからだ。ところが「ライフワーク」は死ぬまでという「未定」のゴールである。たどり着くことがほとんどできない理由だ。

大学院は修士二年で、修士論文を書かなければならない。締め切りと課題が明確に設定される。作家になりたい。書きたいもの（課題）がある。もの調べ、執筆、活字化、著書出版という段階（締め切り）が次々に待ちかまえている。

一段、一段進むほかないのだ。進んでゆけばゴールに到達できる。

1　学ぶ場所は無数にある

最良の方法は学校に行くこと

何歳になっても学ぶ最良の方法は学校に行くことだ。「好きでこそ学問」という言葉がある。学校で好きな学問を存分にできるから、学校がいいのだ、といいたいのではない。およそ逆である。

一般の学校は何から何まで「お仕着せ」である。定められた内容、一定のやり方で教えられる。教育（education）は、近代教育の「父」といわれるペスタロッチ（一七四六〜一八二七）によれば、「児童の隠れた能力を引き出す」ということになる。しかしこれは彼独自の解釈で、educateは卵をかえしてヒヨコにするということが原義らしい。教育の主体は教会や学校で、否も応もなく生徒に教え込むのである。

つまり学校教育のイメージは強制と詰め込みなのである。だから、学校に行けば、会社に行くのと同じように、勉強（work＝仕事）が待っており、定時間拘束されるのである。

まさに学校の効用は、フルタイムで働く勤務仕事と同じように「強制」的に「学ばされる」ということにある。違うところは、働けば代価をもらうことができるが、学校、定年後の学校である大学は、代価を払って勉強をするのである。前者では、働かなければ代価はもらえない。後者では、学ぼうと学ぶことがなかろうと、払った代価は返却されない。

ごく自然なことだが、ただで学ぶのと、代価を払って学ぶのとでは、学ぶ姿勢が多少なりと異なる。代価を払うほうが、熱心になることができる。つまり、人間はケチというか、欲張りなのである。

入学金と授業料を払って大学で学ぶ場合と、自学自習でゆこうとする場合とでは、学ぶ度合いが非常に異なる。とくに初歩的な段階では段違いに異なる。そう考えていいだろう。

定年後、学びたいという人は、学ぶ内容が重要なことはいうまでもないが、まずは学ぶ習慣、マナーを身につけることが肝要である。およそ九〇分、教師の話に集中力を持続させることだけでも、そんなにやさしくない。しかも授業は、授業であるという理由で、面白くないのである。興味を引く授業というが、知的興味のない学生に知的でかつ面白い授業をするのは、ほぼ至難の業といっていいだろう。

仕事で学ぶ

仕事は給料をもらうためにやっているというあなた、とんだ大違いをしているのだ、といってみたい。というのも、私たちは、仕事の中で学ぶからである。熟練といって、自分の力で知識も技術も習得したかのように考えている人がいるかもしれない。しかし、仕事をしていなかったら、その知識も技術もけっして習得できなかったのだ。

むしろいうべきは、仕事をして、知識や技術を教わっただけでなく、給料ももらえた、ということである。

定年後働くのは代価を得るためばかりでない。毎日毎日を規則正しく生きることができるためばかりでもない。働いて、学ぶというためでもある。

年を取ると、どうしても、教わるという精神が希薄になる。若い人から学びたいという気持ちがなくなる。かえって、いまの若い者はなっとらん、という口吻《こうふん》を洩《も》らしがちになる。むしろ教えてやる、という姿勢になりやすい。仕事でも同じだ。いまさら教わるなんて、と感じ、どんなに新しい知識や技術が目前にあっても、それは自分のことに属さない、無縁のものだ、としてむしろ自分のほうから蓋をしてしまうことが多いのは、非常に残念である。

学ぶということは、教わることである。教える「先生」が具体的にいればもっといい。その先生が自分より若い人なら、もっといい。若い人から教わり、学ぶことができる人はもうそのことだけで幸せである。老人に教えることができる人は、老人から教わることもうまい、と思っていいだろう。若い人から真摯に学びながら、この若い人に何ごとかを伝えることができれば、うれしさも倍加するに違いない。

じつは学ぶのはそのほとんどは自己消費である。しかし自分の学んだものを他者に少しでも伝えることができたら、再生産であり、望外の喜びを生む。仕事で、とくに定年を前後しての時期に、自分の経験を少しでも後輩に伝えることができたら、いうことがないだろう。じつに人は学びながら教えるということが好きなのである。

ボランティアで学ぶ

高齢になった。しかしボランティアの対象となるよりも、ボランティアをする主体になるほうがどんなにハッピーだろう、といった。というのも、老人にかぎったことではないが、「くれない族」があまりにも目につきすぎるからだ。「くれない族」とは、あれも「してくれない」、これも「してくれない」といって文句（要求）ばかりいう種族のことで、老人にとくに多い。この要求に応えるのは行政だ。最近はＮＰＯ（非政府機関）が行政の肩代わりをして、さまざまな「市民」の要求に応える活動をしている。しかし行政がしようが、非行政（政府）がしようが、その要求を満たすための物も人も税金でまかなわれる。バブル時代の「ばらまき行政」の結果生まれた「過剰」と思われるサービスを少しでもカットすると、「～してくれない！」と金切り声を上げる、というようなまったくの困ったチャンも少なくない。

こういう体《てい》の「老人にやさしい社会」はうんざりだ。老人は自分の周囲のことを自分でやるだけでは十分ではない。自分でできる範囲でいいから、他者のためにボランティアをしなければならない。何か、老人に「やさしくない」ことをいっているのだろうか？　そんなことはない。

ボランティア（volunteer）とは義勇兵とか、志願者のことで、ラテン語のvoluntas（意志）からきている。自分の意思で、自発的にすることである。そこから無料奉仕ということになった。

老人を有料で働かせるのさえ酷なのに、無料で働かせようとするなんて、なんて酷なことをいうのか、と思うだろうか？　まったく逆だ。ボランティアとは自分の喜びのためだからだ。

ボランティアをすることによって、ボランティアを受ける人の気持ちがよくわかる。同時に、自分でもまだなんらかの役に立つことができうるという喜びを感じることができる。

人はなんであれ、「もらうより与える」ほうが心地よいものだ。サービス

（奉仕）を受けるより与えることのほうがずっと喜ばしい、これがボランティアの最大の効用だ。しかも無償の奉仕である。素晴らしいじゃないか。

ボランティアは「自分の意思」で行うことだ。高齢者や障害者にも要求するなんて、ボランティアの趣旨に反するのではないか、というだろう。ごもっともだが、放っておいてもボランティアをし、その喜びを味わう人がいるのなら、そうしよう。だが「くれない族」はいただけない。

だからボランティアの楽しさを味わってもらうためには、まずはボランティアに引き入れる必要がある。ボランティアで学ぶ必要があるのだ。

2　晩学はとくに愉《たの》しい

強制による学びが終わった

「学ぶ」はほとんどの人にとって「義務教育」の範囲である、と思われてきたのではないだろうか？　義務＝強制教育である。この「義務から逃れたい」、義務教育を越えて高校・大学・大学院へ進んだ人の多くも、そう思ったに違いない。

だが「学校」という「強制」で学ばなければならないところを卒業して仕事に就くと、「学び」はなくなったのだろうか？　ちょっとでも本格的なこと、あるいは独創的なこと、すなわちスタンダードな仕事をしようと思えば、否も応もなく学ばなければならない。それが現実である。むしろ大学を出てから本格的な学びを経験することになるといっていい。

しかしこの学びは「仕事」のためである。会社のため、組織のためである。自ら欲してする、あるいは上から命じられてしなければならない、のいずれにかかわらず、まずは「会社」のためである、と感じられる。

学校でも会社でも、「～のため」にする、これが「学ぶ」の一般的なスタイルである。イヤだから、押しつけだからと忌避したり手を抜くと、「取り残され」、「落ちこぼれる」ことになる。しかし学んで、課せられた仕事をやり抜く人たちも、多くは定年が近づくと、おのずと学ぶ姿勢がなくなっていることに気づかざるを得なくなる。

ところが定年である。学校も会社も、「義務」で行く必要がない。学ぶことをやめてもなんの支障もなくなる。誰もとやかくいわない。ところが面白いもので、義務がなくなると学ぶことが妙に懐かしくなるのが人間である。学ばなかったことに悔悟の情さえ湧くことがときに生じるのだ。「あのときもっと学んでおけばよかった」というわけだ。

なんであれ、なくなると懐かしく、惜しく感じられる。何も「世界遺産」のような類の名所や、D51《デゴイチ》（D51形蒸気機関車）のような名品にかぎらない。おそらく「ゴキブリ」でも絶滅するとなると、ゴキブリ観察最終ツアーなどが企画されるに違いない。

「強制で」やらされてきた。それがいまや自発的に学ぶことができるのだ。学ぼうと思えば、いつでも、誰に邪魔されることなく、自分の思うがままに学ぶことができるのだ。自学自習であり、独学である。新鮮かつ喜ばしい気分をもって、未体験ゾーンへの参入である。

強制がない学びはかったるい

時間はたっぷりある。学びたい気持ちもある。だが何から始めるか、それがまず問題になる。これがなかなか難しい。

学校に入ると、時間割や教科書が決まっている。ところが自学自習、独学である。何をするか、つまり時間割も教科書も自分で決めなければならないのだ。自分のしたいことをする。好きなことだ。じゃあ、何が好きか？　好きなことを封じられて何十年も生きてきて、いままさにその封印が解かれ、自分の好きなことができるという段になって、好きなことが出てこない。これが大方の現状ではないだろうか？

まず最初に浮かぶのは、かつてやろうとしてできなかったことだろう。中学のとき「絵」があんがいうまかった。絵だけ描いていることができたら、と思ったこともあったっけ。「絵画」にしよう。こう思う人も、千人に一人くらいはいるだろう。

あるいは上司が「陶芸」に凝っていた。泥をこね、轆轤《ろくろ》を回し、形に仕上げ、焼く、この工程がなんとも厳しいが楽しい。できあがった陶器は世界に一個しかないオリジナルでありアートだ。自分の作品である。こう熱っぽく語っていた。「陶芸」にしよう。こう考える人は五百人に一人くらいいるだろう。

絵は誰でも描くことができる。しかしほとんどゼロから自力で絵を描いてみるといい。絵を描くための道具は簡単に集めることができる。ところが線を引いたり絵の具を塗ったりするだけでは絵にならない。続けていると、とりとめもなくかったるいことをやっている、という念に襲われる。

つまり、最小限度にしろ習わなければならないのだ。絵画教室に通い、みっちり手ほどき（レッスン）を受けなければならない。学校の強制と同じである。「陶芸」は泥をこねるだけでも大変である。「教室」に行かなければ一通りのこともできない。みっちり習わなければ、できあがったものは世界に一つだが、ただのガラクタにすぎない、ということが、習えば習うほどよくわかる。ガラクタでもいいじゃないか、趣味だ、という人には、かったるいことをどうぞお続けください、というほかない。ただし、そういう人で続いたためしを知らない。

暇つぶしだけの学びは難しい

下手であろうがガラクタであろうが、老後のことだ、たっぷりある暇つぶしにはなる、と反論する人がいるだろう。ところが「下手の横好き」というが、どんなに好きだと思って始めても、少しはうまくならなければ、あるいはさまにならなければ、けっして長続きしないものである。自学自習が相応に続くためには、そのための準備がいるということである。教わる＝学ぶことが必要なのだ。

暇つぶしは、ただただ時間が過ぎるのをボーッと待っていさえすればいい、何もする必要はない、無為がいいのだ、という人は、「暇」を過ごしたことがない人か、悟りきった人に違いない。

たしかに、日がな薄日の当たる部屋でボーッと横になって時を過ごすのは気持ちのいいものだ。しかしそれは、「合間」のことであって、昨日も、今日も、明日も終日続くということになると、「石」になるということと同じではないだろうか？　苦痛以外の何ものでもない。

目的も締め切りもない、ただ「暇つぶし」だけの学びは、想像する以上に難しいということだ。とくに自分で自由に学ぶという形での「暇つぶし」は難しい。かなりの熟達を必要とするといっていい。

つまり「暇つぶし」だから、いい加減であろうが、下手であろうがかまわない、というわけにはゆかないということだ。暇つぶしができるためには、つまりそれが「遊び」になるためには、相応の金も手も暇も、すなわち手間暇を掛ける必要がある。

たとえばこんなことだ。定年後「暇つぶし」に最適なのは「物書き」である、と私は思っている。しかし「書く」は「読む」よりよほど難しい。多くのものを、よい作品を読んでそこから懸命に学ばなければ、相応にものを書くことはできない、と思っていい。それ以上に、集中力を持続させる力がなければ、ものを、とくにまとまったものを書くことはできない。調べれば書ける、というわけにはゆかないのだ。

だが、多くの準備と時間と持続力を要するから、しかも熱中しなければならないから、「書く」ということは「暇つぶし」として最適なのである。だが、自在に書くことができるまでの「準備」段階で過半は放り出してしまう。たとえ一作書いても、それでへとへとになり、放り出すということになる。難しいゆえんでもある。

3　学んで賢くなるのは難しい

老人が学んでも賢くはならない

「老人から学ばなければならない」とはよくいわれる。しかし、いまといわず、昔といわず、目につくほどの数の学ぶにたる賢い老人がいたわけではないのだ。人は、残念というか当然というか、年を取れば学ばなくなる。正しくは、学ぶ必要を感じなくなる。もちろん、学ぶ老人はいる。いまでも昔でも少数である。むしろ、現在のほうが、老人からより多く学ぶことを要求しているだろう。

ここで留意したい三つのことがある。

第一。老人にかぎらず、人は学ぶ必要がある。しかし学んだからといって、賢くなるとはかぎらない。逆に、学ぶことによって賢さをなくす場合があるのだ。稀にではない。このことは次のような問題に置き換えてみればすぐにわかることだ。

経済理論を熱心に学び、その分野では第一人者といわれる人がいる。じゃあ彼は現実の経済現象の分析ができるであろうか？　実生活で経済的な人間として振る舞うことができるだろうか？　総じてできないと見ていい。

第二。老人のいうことに耳を傾けるのはいい。だがその言がどんなに素晴らしいように見えても、それに信をおいて、実行することは、慎んだらいい。老人は、たとえば政治家を見ていたらすぐにわかるように、後進のものにしばしば苦言を呈する。そのほとんどは自分にもできないこと、しようとしたこともないことが多いのである。苦言や教訓の多くは、後進を驚かせ、畏《おそ》れ入らせる類のものである。

第三。以上二つを自分に置き換えてみるといい。賢明になりたい、だから学ぶ、という人はよほど気をつけなければならないということがわかる。定年後、新たに学び始めようとする人は、学ぶこと一般ではなく、「賢明さ」を学ばなければならないということだ。少なくとも「自分（老人）は賢明なのではない」という自覚を持ち続けている必要がある。

老人が、自分は賢明でないから学ぶ必要があるのだ、という姿勢を取ると、後進たちが老人を多少見習うことになる。

独尊になる学び

学ぶと、人は総じて唯我独尊《ゆいがどくそん》になる。とくに老後にその傾向が強くなる。自分の意見はもう変わらない。否、いまさら変えなくていい。こういう思考スタイルになる人が多い。居直りである。

中途半端な学び方だから、唯我独尊になるのだ、というだろう。かならずしも間違いではない。だが徹底的に学び、さらに学んでも、どんどん唯我独尊の度を増す人はいる。例外のことではない。小唯我独尊ならどこにでもいる。お前（鷲田）がそうだ、といわれれば、上げる顔がない。

もっとも「唯我独尊」とは否定的な意味を含むだけではない。釈迦生誕時に発した言葉である。「天上天下《てんじょうてんげ》唯我独尊」で、これは仏のことだが、人間に直すと、一つは自負であり、いま一つは独善である。

自負、自分に信をおくのは間違っていない。正しくは自分に信をおくことと、自分を批判的、否定的に見ることとは、矛盾しないのだ。自分を批判的に見るかぎりにおいて自分に信をおこう、というのが賢明な人間に共通する態度である。信をおきすぎ、過信になり、狂信になる。他を全部否定して自分を見失う。これが独善である。

意見を変えない、変える必要はない、というのは「独善」に近い。「頑固」というと最近ではいい響きをもつが、水気がなくなり、生きていない、ということである。

学ぶことの効用は、人生に水気を、新しい養分をもたらすことである。つねに新陳代謝を続けるために必要なことだ。学んで独善になるということは、この栄養分を捨てるために学ぶということを意味する。

具体的には、自分の意見や生き方に都合のいい部分だけを学び取ろうということになる。その結果が自己涸渇《こかつ》である。下手に学ばないほうがいいじゃないか、ということになるだろう。

自己満足でいいじゃないか

ことほどさように、学んで賢明になるのは難しいのである。難しいというより、難しいと思うことが重要なのだ。何か判然としないようないい方に聞こえるだろう。

学んで賢明になりたい、と思うこととしよう。だが学びと賢明さは必然的につながっていないのである。逆に、学ぶと賢明さから遠くなる場合が往々にして生じるのだ。じゃあ学ばないほうがいいのか？　そんな面倒なことに手を染めないほうが賢明なのだろうか？　そうではないのだから、やはり難しいだろう。

学んだ、暇つぶしになった。学んだ、刺激を受け、水気をもらった。学んだ、モデルと同じようにはできそうもないが、少しは真似してみたい。学んだ、学び仲間ができた。学んだ、学ぶことが少しは楽しく感じられるようになった。これでもいいのである。学んだ。作品が生まれた。仕事に役立った。こうなったら上の部ではないだろうか？

朝九時から仕事を始めた。五時まで十分に働いた。特別なことをしたわけではないが、ともかく今日もノルマを終えた。満足である。褒美にビール一本くらいは飲んでもいいじゃないか。これは、ほかの誰も褒めてくれないから、自分で褒めて、自分に褒美をあげる、という自己満足の類である。学んだ、何かに役立つようになったかは別として、学んだということで満足を感じた。これで、半ばのところはいいのではないだろうか？

特定の目的をもって全力で学ぶのもいい。しかし同時にただ学ぶことだけで、満足を感じるのが人間なのである。「学んで時にこれを習う、また説《よろこ》ばしからずや」と『論語』の冒頭でもいうとおり、「学ぶ」という言葉は、古来、肯定的で喜びを帯びた意味で語られてきた。小さいとき、母は私が学んでいる、勉強しているというだけで、満足な顔をしていた。いま自分が学んで、自分が満足げである。それに特別の必要もなくやっている。しかも老後にである。これってなかなかいいと思わないだろうか？

4　学ぶ人と学ばない人

学んできた人の困難

「学ぶ人は仕事ができる」とよくいわれる。たしかにどんな仕事であれ、学ばないといい仕事はできない。水準以上の仕事をするためには、水準以上に学ばなくては叶わない。こういっていいだろう（この場合、水準＝スタンダードとはいうまでもなく、高水準のことだ）。

　だがいうまでもないが、学びさえすれば、いい仕事ができる、ひいては成功する、といえるかというと、そうではない。学ぶ・いい仕事をする・成功する、の三者間には必然的な関係はないからだ。

　ただし、いい仕事を（次から次に）続けることができるためには、学び続けなければ不可能である。この意味でいえば、いい人生を送り続けることができるためには、学び続けることができなければならない、といってもいいだろう。いうまでもなく、逆は真ではないが。

定年前から学んできた人は、定年後も学び続けることをそれほど難しく感じないだろう。ただし何度もいうが、定年前仕事のために学んできた人が定年後も学び続けることができるかというと、かならずしもそうはいかない。というのも、定年前には学ぶ目的や課題が仕事によってあらかじめ決まっていたのに、定年後は自分で自由に決めなければならないからだ。

まず、与えられたことをするのは難しく、自己決定でするのはやさしい、と考える人がいるだろうか？　そう考える人は、自分で決めて何ごとかをしたことがない人である。次いで、課題や目的、さらに期限があらかじめ与えられたことをするのと、自前で課題や目的だけでなく期限を決めて何ごとかをするのと、どちらが困難だと思うだろうか？　答えは、後者なのだ。

定年後、自分で自由に学ぶことの困難さをわきまえてほしい。そのうえでいうと、すでに学ぶ習慣をある程度得ている人は、何に挑戦しても、ある程度トレーニングを積めば、課題や目的がおのずと見えてくるといっていいだろう。

学びに遅すぎるということはない

学ばないからといって、いい人生を送ることができない、などということはない。これはたしかである。だが、老後を充実して送るためには、学ばなくてはならない、というのもたしかなのだ。学ぶと学ばないとでは、いい人生、充実した人生を送ることができるかどうかに違いが生じるのだ。

定年後、学び始めたいと思うのに、学んだ経験のない人にまずいいたい。学ぶのは容易ではないが、不可能ではない。たとえ学んで確たるものを得ることができなくとも、学ぶこと自体、学び続けること自体が人生にとっていいのである。学ぶことでいい人生を送ることができるのだ、と。

学びたいのに、学ぶ習慣をもったことのない人は、基本的には（むりやり学ばせる）学校に行くことを勧めたい。費用が許すなら、大学で学び直し、まず学ぶ習慣を、基礎体力を身につけることが重要だ。多くを望まなくてもいい。自分で学ぶ習慣を身につける困難をカバーするために、学校に託すのだからである。ただしこの習慣、カルチャーセンターのようなところで身につけるのは難しい、と思っていい。単位修得や試験というように、学ぶことに対する強制力が、大学とはまるで違うからだ。

もちろん大学で、学ぶための基礎体力だけでなく、新しい知的関心や専門知識も得ることができる。自分のやりたいこと、やってみたいことも決まるかもしれない。だが肝心要のことを忘れてはならない。集中を持続する力を養成することである。これがなければ、学ぶことを始めても、すぐに頓挫する。

学ぶ習慣、端的には意識を集中し持続する力を獲得したら、好みにしたがって学びだせばいい。

学ぶことを人生に添わせる

学んだからといってハッピーな人生を送ることができるとはかぎらない。だが充実した人生を送るためにはよく学ばなければならない。こういった。

ではよく学ぶためにはどのような点にもっとも留意しなければならないだろうか？

幸田露伴《こうだろはん》に『努力論』がある。人生論、幸福論の傑作で、そこに「修学の四標的」が示されている。要約しよう。

《射を学ぶのに的が必要だ。教育と独学とにかかわらず、その標的はただ四個である。
一、「正」である。中正で、僻書を読んだり、奇説に従うと、正を失う。
二、「大」である。はじめから、小さく固まってはいけない。自尊自大は忌むべきだが、大ならんと欲し、大ならんと勤めるのは、もっとも大切なことである。
三、「精」である。緻密や琢磨を欠き、選択や仕上げをおろそかにする等は、粗で、避けるべきである。
四、「深」である。大を求めて深でなければ浅薄の嫌いがあり、精を求めて深でなければ渋滞拘泥のおそれがあり、正を求めて深でなければ、ときに奇奥のないところに至る。したがって、およそ普通学を終え、修学を続けようとする者は、深の一字を眼中におかなければならない。》
とくに新しいこと、変わったことが述べられているわけではない。眼目は「修学」を続けることにある。

露伴のいうように、「深」が大事である。学ぶ人は何よりも「深」を求める人のことだ。しかしそれはつねに「正」「大」「精」とともにある「深」だ。「深」だけでは、深いが、狭く、暗い。したがって、ほかから窺《うかが》うことができないし、ほかが見えなくなる。いうところの専門バカになる。

学ぶ人は「深」を目指す。しかし、学ぶこと自体が、どこまでも奥行きが広く、尽きることがないのである。ただしのっぺらぼうの奥行き、広さと長さではない。所々に節目節目がある。尽きないが、階段があるのだ。もちろん学ぶものが上るたびに階段ができるということである。「僕の後ろに道は出来る……この遠い道程のために」（高村光太郎）である。

学ぶことを人生に添わせてみる。もうそれだけで奥行きが深まったように感じられないであろうか？

第四章

「愛したい」と感じる人へ

「愛すること」ほど簡単なものはない

定年になる。それまで空気のように自分のまわりにいた、否、多くは多少にかかわらず鬱陶しく感じていた「仲間」が、「敵」もろとも、霞か霧のように消えてしまう。とたんに人恋しくならないだろうか?

こんな情景が思い起こされる。私が大学院生のころである。長く助手を務めていたHさんが、私大の助教授に内定した。ほとんど学生とのつきあいがなく、いつも一人で黙然としている姿しか見たことがなかった。秋の一日、たった一度だったが、哲学科と他コースとの野球の試合があった。夕方である。グラウンドから少し離れたところにHさんがずーっと立ち続けて見ているのが確認された。その表情を窺うことができなかったものの、全身から私たち後輩を慈しんでいるように感じられた。じつに柔和な姿だった。もう四〇年ほどたつが、そのときの情景というかHさんの情感をいまでも憶《おぼ》えている。

退職したのだ。愚痴をいっても仕方がない。多くは突然「家庭」人間になってしまって連れあいをうんざりさせるのは、いただけない。まわりに人がいなくなったら、新しい人を求めるチャンスなのだという発想転換をしたいものだ。

新しい人間関係を築くのが難しいというあなた、誰も自分を迎えてくれないとつぶやくあなた、何も難しいことはないのだ。あなたが人を好きになればいいだけのことだからである。好かれる、愛されることは、あるいは難しいかもしれない。しかし、好きになり、愛することは簡単だ。ことはあなた次第だからだ。

実際、友人がいない、恋人がいないと愚痴や不満をいう人のほとんどは、自ら友人になろう、恋人になろうとしない人たちである。もっとも、迷惑な「友人になりたい」や、不快な「恋人になりたい」というのもあるから、ことはそんなに簡単ではない。人間の中には、とくに女には、愛したら愛される、愛されてしかるべきだ、と思う人がいるから、厄介である。

友人をえるには、とくに恋人を得るには、そしてそれを持続するには、それにふさわしいマナーが必要になる。これは、定年前にも必要だったが、周囲から人が消える定年後にとくに必要になると思ってほしい。

1 「愛」は遠くなるか？

「愛」とは何か？

「愛」という。もともと「愛」は、その対象が人間に限ってのことではない。①自然を「愛《め》でる」は、自然の美しさを「賛嘆する」である。②虫「愛《め》づる」姫君は、「（ペットを）可愛がる」である。③部下の戦場での活躍を「愛でる」は「賞賛する」（褒める）である。そして④いわゆる「愛する」である。

ただし、この④の「愛」が多義的なのだ。いま少し面倒な愛の定義につきあってほしい。

哲学のふるさとであるギリシアには、大別して、三種の愛があった。

一つは、「求める愛」である。その極限（理念型）が、エロス（erōs）で、プラトンによれば、有限で不完全な人間が無限で完全なものと一体化しようとする情熱である。したがって、もともとは肉体的・性的存在との合一を目指す性愛とは対極にあったが、転じて、後に、人間が異性に対する情熱（性愛）を指すようになる。

二つは、「与える愛」である。その極限が、アガペー（agape）で、無限で完全なものが不完全なものに与える愛である。もともとは「神が人間に対する愛」のことであった。しかし、そこから転じて、他者に対する没我《ぼつが》的な愛を指すようになる。

三つは、人間と人間との間に成立する愛で、その極限が、フィリア（philia）である。友愛（友情）をはじめとした親しい仲間に対する愛、親愛だ。ところがギリシア・ローマの後、「神の救済」を説くキリスト教で、エロスは「否定」され、アガペーが至上のものとみなされる。アリストテレスはフィリアを強調したが、親愛はキリスト教における隣人愛、兄弟愛、同胞愛につながってゆく。

神なき現代では、エロスは性愛に、そして「自愛」につながり、アガペーは知的・美的愛、「没我愛」に連なる、といっていいだろう。いずれの場合も、「愛は惜しみなく奪う」である。それに対して、この「自愛」の時代、あまり強調されないが、他者（個人・家族・集団・国・人類）への愛を通じて、自己愛に達するフィリアの重要性を確認する必要があるだろう。

というわけで、人間は、自然も、超自然（価値や観念）も、そしてもちろん人間も、つまりは森羅万象を愛することができるのである。

まわりに人がいなくて寂しいなどといっているあなた、人間だけが愛の対象ではないのだ、ということをまず確認されたい。老後、人間の一人である連れあいだけにまとわりつくなんて、情けないというか、心意気が狭いと思ってほしい。

犬を愛してみては？

私は四〇代の半ばに達するころ、誰も住んでいない過疎地に移り住んだ。子どものころからの願いだった「犬を放し飼い」したい、というのが移住の理由の一つだった。

この二十数年の間に飼ったのが、捨て犬一匹、貰い（半ば押しつけられた）犬二匹、代価を払って得た犬二匹、総計五匹で、残念ながらセントバーナードの幼犬が大きくなったころから、「猛獣」と間違われたわけではなかろうに、「放し飼いはあいならん」という役場からの達しがあり、またその直後、そのセントバーナードのノンが突然敷地から飛び出し、小型自動車と正面衝突して急死してからは、犬を飼う情熱は半減した。いまは三代の種（血）を受け継いだ混血犬のモモが一匹残っているだけである。といっても犬を飼い、愛護しているのは妻で、私はつねに「遠望」しているにすぎない。

　それでも犬あるいは猫のいる生活は、それを飼う手間も含めて、見ているだけでもじつによいものである。実際に手を掛けるとどんなに情愛が深まるかわからないだろう。子どものいない夫婦にとって最愛の相手になる場合だって稀ではない。バブル崩壊後に『清貧の思想』を書いた中野孝次《こうじ》は、一三歳で亡くなった愛犬ハラスのことを書いて、世の犬好きの紅涙《こうるい》を絞った。「私の半生において愛という感情をこれほどまでに無拘束に全面的に注いだ相手はいない」とまで書いたのである。

　妻は多いときは三匹の犬を二回に分けて毎日散歩させる。朝と夜の食事、病気のときの介護や病院通いなどをつぶさに観察していると、いま残っている老犬が亡くなったらどんなに寂しかろうに、と思うほど情愛深く犬たちとつきあっている。

ならば、愛する相手が見つからなければ、あるいは見つかっても、愛犬を飼ってみては、と勧めたいのか？　そうではない。妻を見ていて、子どものいるときも、いなくなってからも、犬に同じ量の手間を割き続けた。それで子どもやその他のことへの関心が少なくなったかというと、そうではない。

ところが、親近に愛する対象をもたなかったり、失ったりすると、犬その他にのめり込み、溺愛する人がいる。「犬は裏切らないが人間は裏切る」と当然のことをいい放って、人間愛の不毛をいい募る。親近に愛されることがないから、犬を愛し、犬から愛される、という構図にすぎないのにだ。ただしこれはこれでいいではないか、と思える。しかし、何か一つのものだけを溺愛する心性を「玩物喪志《がんぶつそうし》」という。大事なものを見失った状態で、私には、愛されたいが愛されないという、愛に飢えた「不幸な意識」のように思える。

妻を愛し続けることの難しさ

定年後、男は妻なしにはやってゆけない。しかし、妻は夫がいなくてもなんの不自由も感じない。むしろさばさばする。妻にとって夫は「濡れ落ち葉」であり、「生ゴミ」だ。こういわれる。だが、周囲をざっと見渡したところ、そうでもあるが、そうでもない。

妻がそばにいなければ、着替え一枚も探せない、といわれる。でも、そういうことにしておけば、男にとってとても都合がいいのである。夫は妻の手のひらの中を踊っているにすぎない、ということにしておけば、多少の「脱線」も見逃されるに違いないというところだ。

一人を、それもたった一人を愛し続けることができる、というのは稀な才能というか努力ではないだろうか？　たしかに長くいっしょに生きてきたのだ。いまさら別れるわけにはいかないだろう。無下にはできない。大切にしたい（そうしないと、妻に無下にされ、粗末に扱われる、という打算もある）。しかし、老妻を大切にすることと、老妻を愛することとは違う。定年後、老妻は契約解除しにくい共同生活者である、と考えたほうがいいのでは、ということだ。

一対の夫婦は性愛で結びついている。その性愛による結びつきが弱まったというか、気化しつつある関係が、定年後の夫婦生活で始まるのだということだ。老妻を愛し続けるのは難しいが、老夫を愛し続けることはもっと難しい、という反論があるだろう。そのとおりである。つまり愛はほとんど失せているということだ。

ただし人間は「記憶」の存在でもある。かつて愛したもの、愛し続けてきたものを大事に取っておくものである。妻と夫の関係も記憶に支えられている。

ただし、これは蛇足かもしれないが、女は死ぬ（灰になる）まで性的関係に反応することができるといわれる。本当だろう。これを素晴らしいというか、しんどいというかは別にして、老夫よりも老妻のほうが、本源的に性愛を求める存在である、ということはできる。

2　愛されてこその愛？

愛しても、愛されない

人間は褒められたい、評価されたい存在である。もちろん人間にだ。評価されたいと切に望むのは人間の本性、変わることのない性質である。むしろ年を取れば取るほど人は褒められたくなる。

ところが、人に褒められることなんて私の関心外だ、人に褒められるために何ごとかをするなんて、なんてさもしいヤツだ、と慨嘆する人がいる。人間本性を失った人でないなら、不幸な意識の持ち主に違いない。「褒められた人間」を嫉妬してのことか、「褒められたことのない人間」のやっかみかである場合がほとんどだ。

能力があり、相応に努力したのに、四〇過ぎまで一度も日の当たらないところにいる人がいる。不運である。残念ながらそのほとんどは、不満屋さんになり、腐ってしまう。褒められ・評価され、その評価にふさわしいポストを得ることがなかったからである。

「愛する」に「褒める」という意味も含まれている、といった。例外なく、人間は愛するよりも、とりわけ異性を愛するよりも、愛される、とりわけ異性に愛されるほうを好む（＝愛する）存在である、と断言できる。

褒められたいのに、少しも褒められない人間は、不幸である。嫉妬で苦しめられる。同じように、愛されたいのに、愛してくれる人がいない人は、不幸である。「愛」を呪うか、愛欠乏症にかかる。

しかも愛は褒められることよりずっと直接的だ。一対一だからだ。瞬間瞬間の衝撃は強烈である。でも、ものは考えようだ。「あらゆるものを愛する」ことができるのも、また人間の本性である。愛さない、愛することができないより、誰であれ愛することができるほうがずっと人間らしいからだ。ところが愛は相手次第である。うまく相手に出会えることは難しい。こう思えないだろうか？

老人だから人を愛さない、愛することができない、などということはない。

愛しているのだから、愛されたいが、そこは相愛ということで相手次第なのだから、と諦めることはできる。諦めることができるというのも愛の一つのスタイルなのだ。それに愛（情）は注いでいなければ、流れが細くなる。愛されない愛は諦めるにこしたことはないが、愛することを諦めてはいけないのだ。

愛して、愛されて

たとえ自分からの愛に対し相手の女からの相応の愛がなくとも、特定の女を愛さないと、また女（たち）を愛することを続けていないと、愛情の流れが細くなるといった。しかし若いときの心も身もちぎれ飛ぶような失恋ないし悲恋とは異なるが、愛されることの少ない愛は、やはりのこと悲しく切ないものだ。相愛に勝《まさ》るものはない。

相愛という。だが、若いときのような一方的で強引な愛は望みえようもないだろう。もとより愛である。愛されたいから愛する。だが、自愛が強すぎると、自分の土俵に相手を引きずり込もうという言動が強すぎると、相愛は長続きしない。若いときと異なって、一度傷ついたり折れたりすると、もうそれ以上先に進まないと思ったほうがいい。引き返すか、途上の「愛」で留めたままにしておくがいいだろう。立ち枯れるならそれでも仕方ないと諦めることだ。

七〇少し前の男と、六〇を少し過ぎたくらいの女が、木枯らしの中をオーバーコートに身を包んで寄り添うように歩いている。一見して夫婦でないことがわかる。何か小声で話しているようだ。ときどき立ち止まる。女のほうが小声で笑う声が風に乗って聞こえてくる。こういう光景に出会ったことがある。一面では羨ましいなと思い、反面ではいま好きな女をこの場のわが手にたぐり寄せたいという感情が静かに湧き上がってきた。そして得をしたような気持ちになったのだ。

人生の途上で出会い、不満をぶつけ合い、相手の悲しみを分かちもち、身も心もぶつけ合うようにして愛し合う、こういう愛はあってもいいだろう。しかしやはりどちらともなく支え合う愛がいいと私には思える。大きな支柱でなくともいい。ときに、ああ支えがあるのだ、と思い出すほどの相通がいいのではないだろうか。

しかし愛は後ろ向きでいいといいたいのではない。新しい出会いを求める。

そのチャンスが減れば減るほど、出会いを求める気持ちを高める必要がある。新しい愛も同じである。苦い出会いで終わったとしても、新しい愛が生まれれば、容易に乗り越えることができる。

愛さないのに、愛されて

思いをかけた人はもとより、思いもかけなかった人に愛される喜びは格別なものだ。人生のご褒美、このうえない贈り物に思える。人は評価されたい、愛されたい存在である。人間のもっとも強い自然感情の一つである。年を重ねるほどにますます評価されたい、愛されたいという思いが増すことも事実だ。

しかし愛される喜びがあれば、愛される苦痛、あるいは怖さがある。年を取るにしたがい、愛される喜びよりも、愛される怖さのほうが増すように感じられる。被害妄想とは思えない。愛する心を閉じ込めがちになる理由だ。

六〇年生きた。六〇年分の人生の積み重ね、蓄積があるということだ。女が長きにわたって積み上げてきたものを、一挙にぶつけられたら、男は支えきれない。とくに夫や男の不実に泣かされてきた女の思いは重い。その重さをぶつけられたらたまらない。苦痛はもちろん、怖いもの見たさではすまされなくなる。

「悪女の深情け」という。「悪女」とは「醜女《しこめ》」のことをいうが、ここでは顔の美醜に関係なく、ありがた迷惑な女の深すぎ重すぎる愛情のことである。女が一見して素敵であればあるほど厄介である。ひとえに逃げるしかない。それも露骨ではダメである。逆恨みに遭う。取り返しのつかない被害に遭う場合を想定しておいたほうがいいだろう。

女と別れるときには「一ミリずつ」という言葉がある。「深情け」の女には一ミリずつを続けるほかない。思いきって決着をつけるなんて考えるのは、無謀の誹りを免れない。

一番まずいのは、向こうからの勝手な愛である。セレクションするのはこちらだ。お土産だけをもらい、あとはどうともなれでいいじゃないか、などと薄情でいい気なことを考えていると、ひどい目に遭う。「献身」に対して「中途半端」や「薄情」で応える男は、「可愛さ余って憎さ百倍」の対象になるのである。たかが女と思っていたらひどい目に遭う。その程度のことは間近にいる

「妻」のことを考えたら簡単に了解できるのに、男はとかく自惚《うぬぼ》れが強いもので、愛する女というか、愛に渇いた女の恐ろしさを軽く見積もってしまう。だから支えきれなくなる、といっていい。

愛するのは簡単だが、反応が薄い。愛されるのは稀だが、反応が濃い。こう思ってほしい。

3　「愛」がなくては生きる価値はない

「愛」は「会い」である

生身の人間同士の「愛」は、「出会い」で始まり、「会いたい」という強い感情、渇きを生む。愛する人がいるのに、「いま、ここにいない」という欠落感、この欠落感を埋めたいという渇望、これが愛であり、愛の苦痛である。「会わなくてもいい」という愛は、生身の人間の愛ではない。どんなに美しく、あるいは高貴なものでも、フィクション（虚構）の愛にすぎない（ただしいい添えておけば、フィクションの愛がつまらないものだといいたいのではない。愛の種類が違うのだ）。

「愛」をもっともなだらかにいうと、男と女の「コミュニケーション」である。伝達、交通、通信そして社交である。単にＩＴの時代ではなく、ＩＣＴ(information and communication technology）時代であるといわれているのに、意外と軽視されているのがコミュニケーションの「メディア」、交通の「媒介物」である。

なるほど性風俗の場＝メディアが大盛況というか、夜の繁華街を占領する勢いなのに、「大人」が会い、愛を育む場＝メディアが考えている以上に少ないのである。それも旧態依然である。残念ながら「酒場」が圧倒的に多い。年を取るとその酒場がやけに恋しくなる。

年を取るとなんであれコミュニケーション不足になる。私的にコミュニケーションをする「暇」が増えるのにもかかわらず、そのチャンスが減る。明らかに自ら交通の場に出向く熱意や努力を減らしているのだ。愛への渇望があるのに、交通するチャンスを自ら失っているも同然である。ますます愛の情を流す管が細くなる。

いま「場」といった。愛の場合、「場」一般ではない。「密会」（secret meeting）というが、「密愛」がぴったりなのである。二人だけの密室である必要はない。しかしオープンな場、たとえパブリックな場であっても、二人の関係は「秘すれば花」（『風姿花伝《ふうしかでん》』）である。性関係（＝交通）は密事、二人だけの関係である。

酒場とは酒を飲む場所である。しかし「社交」の場なのだ。とくに定年後の男にとってはさまざまな出会いの期待を抱いて酒場に行く稀少かつ貴重な場である。そこはいつも開かれているが、閉じられている場、密会の場である。酒を飲むのは酔いたいからだ、というのはタダモノ（唯物）論である。柳田國男は、酒あるいは酒場は出会いの雰囲気を和らげる社交の欠かし得ない媒介物だといった。男女の愛の交通にとっても酒場は欠かすことのできない仲介物なのである。

愛されるために奮闘する

女を心ならずも失ったときのことをじっくり考えてみるといい。何かしら気を抜くこと、手を抜かざるを得ないことが生じ、「熱度」というか「まめまめしさ」の低下をきたしたときが多かったのではあるまいか？

火野正平《ひのしょうへい》という俳優がいる。もう還暦を過ぎた。二枚目ではない。明らかに三枚目だが、性的魅力に富んでいるといわれる。多くの女優や女と恋情を交わしてきたと伝えられる。ただし私の知るところ「伝説」ではないらしい。人気稼業によくあるような「火のないところに煙を立たせる」類とも異なる。

なぜ火野正平が女の恋情を得ることができたのか？　一言でいえば「献身」である。まめなのだ。女が家を出ようとすると、玄関の前に待機している。車のドアを開けるためだ。女が車を降りようとすると、ドアが開く。車の先回りをして到着し、ドアを開けるために待機しているのだ。もちろんこんなことは実際には不可能だが、女に対する心の向き具合からいうと、火野正平はこうなのである。

愛されたいと思うなら火野正平のように、といいたいところだが、ちょっと間違うと、ストーカーまがいのことになる。嫌われ、恐れられることで終わる無惨な一方交通である。

ただし火野正平ではないから、彼の気持ちになっていうのだが、「献身」これつとめたのだから、恋情が通わなくとも、それはそれでいい、仕方ない、というのが火野流ではあるまいか？　私にはそう思われる。

愛されたい。そのために相手の女に奮闘これつとめると、それにふさわしい返礼を得ることがなくても、得心する場合がある。献身したがエネルギーのムダだった。愛するなんてばかばかしい、無駄な努力だ、空しい、などという悪態は不思議と生じてこない。これだけ頑張ったのに、扉は開かなかった、ま、「鍵穴」に合う「鍵」をもち合わせていない「不運」に出合ったのだ、と諦めることができる。

愛を損得勘定で見積もる人には、恋愛はお勧めできない。

愛情乞食にはなるな

火野正平は、一見して、恋をしていなければ落ち着かず、恋をしていないときは抜け殻のようであるという。実情は、そうではない、と思える。愛がなくては身も心も「そぞろ」、という「愛情乞食」とは遠いところにいると思えるからだ。なぜか？

愛情乞食とは、愛に飢えている人のことである。相手に大きな愛を注ぐが、同じように愛されることを渇望せずにはすまない人だ。ただし、相手にとっては過剰の愛に感じられ、その愛の強さがむしろ疎ましさとなる。相手にまともに受け入れられない過剰な愛ということになる。

年を取ると、万事に慎重になり、引っ込み思案になる、といわれる。四分の一の事実ではないだろうか？　年を取ると、むしろせっかちになる人が多いからだ。相手のことなどお構いなしに、自分の気分でどんどんことをすすめてゆく。相手の「言葉」、自分に都合のいい言葉の断片は全部覚えていて、時を移すことなくその実行を迫るのに、自分が確約したことも、都合次第できれいさっぱり忘れてしまう。まことにご都合主義がまかり通るのが老年の世界でもあるのだ。

火野の特性は、相手の女の気持ちになって行動することである。もちろん相手の女を快く思っているから、相手を気持ちよくさせたいのだ。ただし、火野の特性は、特定の女に同感するだけでなく、特定の多数の気持ちも忖度《そんたく》する広さをもっている。男も女も、「一対一」の関係を望むが、「あなたが唯一」では重すぎるのである。「唯一」を望まれると身を引きたくなる。

「一対一」なのに「唯一」ではないというのは、不実でいいかげんな男の言い分なのか？　そうではない、と強くいってみたい。「関係」は関係性が続くかぎり大切にする。可能なかぎり「唯一」であろうとする。これが誠実な振る舞い方だ。しかしその関係は「永遠」ではないし、「唯一」ではあり得ない。これがさらに誠実な心性である（こんなことは相手の女にいう必要はないが）。

愛情乞食は「唯一」に固執して、唯一どころか、愛の関係それ自体を結ぶことができない。結ぶことができても長続きできない。結局、多くの場合、愛を求めて憎悪に帰結することになる。

4　愛と愛欲

人間は「全身全霊」で愛する

「全身全霊」という。身も心もである。「唯一」に固執する愛の表出は、それを受ける相手を引かせる、といった。「唯一」と「全身全霊」は異なる。火野正平の場合、たとえ相手が複数であっても、全身全霊を傾けて愛を提供するのではないだろうか？　私にはそのように感じられる。

身も心もとは、愛においてどのような事態を指すのか？　男と女の愛において全身全霊＝身も心もとは、文字通り、性愛（＝性関係＝性交）のことである。性愛＝性交の特徴は身と心の双方による「一対一」であり、「密」である。性交を露出したり、公開するのは「卑猥《ひわい》」といわれる。しかし「卑猥」といって取り締まりの対象である前に、性交の非密室＝非閉鎖化は、性交それ自体の否定である、といわなければならない。個別具体の密事を漏らすものは、性交する資格のない、性交の破壊者なのだ。もっとも軽蔑されるに値する存在だ。性交を公開して恥じないものは、破廉恥《はれんち》であるだけでなく、人間社会の外に生きるべきものとして断罪される。

「全身全霊」を傾けてとは、平たくいえば「命」（＝死）を賭してということだ。男女の性交はときどき「生死」に喩《たと》えられる。「ゆく！」とは「死ぬ！」ということである。達成された性交（クライマックス）とは「死」である。正確には「短い死」だ。誰にも邪魔されず、同意のうえならば、すべてのことが許される生死を賭けた性交（＝生の交換）は、はたして密室以外で行うことができるだろうか？　絶対にできない。

以上のつたない表現で表される一対一の男女の性関係は、はたして、高齢者に無縁なものか？　なくていいものだろうか？　高齢者にこそなくてはならないものである、というべきではないのか？　私にとっては明らかに有縁《うえん》かつ必要である。

愛と愛欲を区別して、愛欲を不純物のように考えるのは、誤っているだけでなく、有害であることがわかるだろう。愛は愛欲になってようやくのことその本領土に入るのである。

「情」がなくても「欲」がある

「愛情」と「愛欲」は異なる。愛欲がなくとも「情」を通い合わせることができる。定年からの、老境に入ってからの愛は、たとえ可能だとしても「愛欲」（性愛）を通わせ合うのではなく、「愛情」を通わせるのがいいのだ、と考えられがちである。老いとともに愛欲はつつましくなる、なるべきだ、というのである。はたしてそうか？

逆のことをいおう。「愛情」が希薄でも、たとえなくても、つまりは「情」を交わすことがなくとも、人は性交することができる。もう少しいえば、男に特徴的なのだが、たとえ性交能力が衰えても、男女に性交は可能なのだ。

人は性交のために性交する唯一の存在である（といわれる）。老若男女にかかわらない人間の特性だ。しかも、情を通わせて性交におよぶだけがノーマルなのではない。性交におよんで情を通わせるのもありなのだ。けっして異例なのではない。

戦後は自由恋愛が普通になり、自分の好みや意思で相手を選び、愛情を通わせ、性交におよんでいる、と考えている。はたしてそのとおりなのだろうか？　自分の好みという。しかしその中から選んだ分母はどれくらいの数だろうか？　一〇人だろうか？　一〇〇人だろうか？　おそらく考えられているよりはずっと少ないだろう。最大多くても五人、たいていはせいぜい二、三人に情を交わし（あるいは性交も交わして）パートナーを決めているのではあるまいか？　自由恋愛といいながら、ほとんどは一人と情を交わし、性交するということで終わるのではあるまいか。

自由恋愛の下では、情を交わしてはじめて性交するというよりは、性交するにおよんではじめて情が通ったと双方が納得するのではないだろうか？　見合い結婚は「情」があとからついてくる。高齢者の愛で、情が希薄でも、性交におよんで、情を通わすことができる、というケースはずいぶん多いのではないだろうか。

老いても性的に満たされたい

男が女を求める。女が男を求める。これは何歳になっても変わらない自然感情である。問題なのはこの自然感情を「異常」あるいは「異例」としてむりやり蓋を閉めてきたことにある。いまやそれが大きく開かれはじめた。

ところが老いに入った男女が、会い、愛し合い、情を通わせ性交におよぶということが市民権を得ていないのである。

こういうケースを見たことがないだろうか？

夫は飲む打つ買う（酒・バクチ・女）の三拍子揃ったどうしようもない男である。酔えば妻を殴る。バクチで当てれば、金を持ったまま女と風を引っさらうようにして姿をくらまし、有り金全部はたいたところで、女に捨てられようやく戻ってくる。徹底したダメ男である。

ところが別れない。女が逃げ出さない。毎度毎度、「殺してやるー！」「出て行けー！」「死んで化けてやる！」という激越な言葉とともに、拳固《げんこ》や品物が飛び交うのにだ。しかしこの夫婦は壊れない。いつも雨降って地固まるに終わる。四〇代、五〇代でも揺るがず、六〇代でもいっこうに壊れそうにもない。

なぜなのだろうか？

思うに、夫婦の性関係が良好だからだ。夫が妻に性的満足を与えているからだ。

満たされたい。週に一度などとはいわない。月に一度、たとえ年に一回でもいい。性的に満たされたい。六〇を過ぎた夫に対して、こう思っているのではないか？　たとえ夫が満足を与えてくれたとしても、別な男が満足を与えてくれたら、と願っているのではないだろうか？　この女の切なる願いを満たすために、男どもはもっと全身全霊を傾けてことにおよんでもいいのではないのか？　私にはこう思える。

私たちはそんなこと男には期待していないわよ。もっと別なことに不満のはけ口を求めているわよ。こうおっしゃられるかもしれない。でも私の耳には「出会いたい！」「愛したい！」「愛されたい！」という女の声にならない叫びが聞こえている。

第五章

「仕事をしたい」と感じる人へ

仕事をする快と不快

人生には節目がある。個人個人によって異なるが、大まかにいえば、①三五歳、②五五歳、③七五歳である。この節目とは同時に「峠」である。そこを越せば新しい道が始まるが、越さなければそれまでの道が続く。この峠を乗り越える力は何か？「仕事」である。それ以外にない。それほどに仕事は人生のメインファクターだ。

野生の生物は、餌をとることができなくなったら、死ぬ。生命活動と生業活動が直結しているからだ。人間も生物だが、退職を契機に、餌をとることをやめても、生命活動を続ける。その生命活動の長さは平均すると尋常ではない。しかも餌をとることをやめるのは、餌をとることができなくなったからではない。むしろ餌をとることをやめるから、餌をとることができなくなるといったほうがいいだろう。

人間も命の続くかぎり、餌をとって生きたい、つまり生業《なりわい》＝仕事を続けていたい、というのが私の偽りのない幸福論の根本にあるものだ。

私は、生業＝「仕事」が生命活動と連動していることに「快」を感じる。しかし生業力が衰えてなお「仕事」を続けることに「快」を感じない、むしろ不快と嫌悪を感じる人がいる。数からいうと、現在はまだ、後者のほうが多いだろう。

私の尊敬する先生方は四人とも七五歳以上だが、その道ではあいかわらず現役であり、第一線に立っている。あまりに活気に満ちているので、心ならずも、いつまでも一線にいると私たちの出る幕がありません、などという減らず口をたたくこともあるが、見ていて羨ましい。可能なかぎり長く仕事をしていたいという表情がつねに見いだされるからだ。したがって私も喜んでそのあとを追おうと思っている。

いつまでも健康な人は幸せそうだ。しかし仕事を続けている人はもっと楽しそうに見える。だが、「楽しい仕事」をしているから楽しそうに見えるので、「いやいやながら金のために稼いでいるのだ、楽しかろうはずがない」と吐き捨てるようにいう人がいる。けっして少なくない数の人たちだ。

でも健康な人がたとえそれが気に染まない仕事でも、続けていれば、仕事をしていないよりも幸せになるだろうに、と思えてしまう。それは、気に染まない仕事でも若いときからそれをやり続けている人と、気に染む仕事がないから若いときからぶらぶらしている人を比較すれば、どちらが楽しそうに生きているか、一目瞭然だからだ。

どうして、定年後、働くことを断念してしまうのだろうか？　働くことが「不幸だ」などと感じてしまうのだろうか？

1　老後を生きるもっとも簡便な方法

今日することがある

自由業だ。いつ起きようが、何をしようが、本人の思いどおりになる。拘束がなく、ストレスのないいい毎日で、自由でいいな、と思うだろうか？　まったく逆である。

自由業で、起きてもすることがなく、日がな自由気ままに過ごしてもいい、というのはもっとも大きなストレスになる、と思っていい。仕事の注文のない自由業というのは、失業よりたちが悪い。もちろん失業手当などない。

映画監督のSは今年の収入は二〇万円だと「豪語」していたが、映画を撮ることができなければ陸に上がった河童である。それでもS監督はいい映画を撮りたい、チャンスが来れば即応じたいというので、準備仕事に余念がなかった。自由業にとってこそ、朝起きてする仕事がない、これほどつらいと思えることはないのだ。

自由業だ、注文がない、いつ起きて、いつ何をしようと自由である、と思える人は自由業からもっとも遠い人である。「作家とは何か?」と聞かれて、「毎日、一定時間、書けても書けなくても、机の前に座っていることができる人だ」といった人がいる。名言である。

精神的にいえば、仕事のない老後の生活は、この注文のない自由業に似ている。毎日、注文仕事があろうとなかろうと、「仕事」(現在のところ、報酬を約束されたわけではない仕事)をすれば、身も心も安定するからだ。仕事があればして、なければしないというのは、楽なように見えて、そうではない。つねに仕事をしていないと、急な注文には応じることができないからだ。

定年後、フルタイムでなくともいいし、量の多少にこだわる必要はないが、朝起きてやるべき仕事をもっているということは、どんなに励みになるか計り知れない。くり返しになるが、たとえ生活費を稼ぐための仕事でも、やらないよりやっているほうが生活（＝生きるうえ）の励み、張りになる。生きている活気が異なる。しかも、決まった仕事をこなしたうえでほかのことをやると、楽しさが倍加するといっていい。

明日することがある

でも人間は欲張りというか、計画屋さんというか、「今日することがある」だけでは満足できないのである。一日と二日の違いは、単なる一日の違いにすぎない、と見るのは算術上のことにすぎない。一日と二日を、単数日と複数日に置き換えてみるといい。まったくカテゴリーの違う日数になる。一日はどこまで行っても単数だが、複数は単数の連なりである。ダジャレの類だが、明日は明日になれば今日で、その今日の明日は明後日（三日）というわけだ。

もっと本質的なことがある。面白いもので、今日仕事をすると、明日やるべきこと、やりたいことが「ほの」見えてくる。これは一つの仕事をし終えると、「し残したこと」が見えることとつながっている。つまり、仕事は完了することで、その次の仕事が明らかになるということだ。今日やったことが明日の出発点となるわけだ。

したがって、完璧主義を目指して仕事をいつまでもし終わることをしない人は、その仕事を終えることができないだけでなく、次の仕事を始めることができず、一生涯、一つも仕事をせずに終わることになる。どんなに完璧を目指しても、仕事はつねに暫定《ざんてい》的なのだ。し残したことが残る。いい仕事をし、いい人生を送る人は、し残した仕事を埋めてゆきながら、新しい仕事に向かうことができる。

「ステップ・バイ・ステップ」は一段一段上ってゆくことで、「明日」があるということは、明日の一段があるということだ。しかし明日は単なる今日の延長ではない。明日の内に明後日の一段を準備することができるからだ。一段一段上っていくということは、たんに右肩上がりに着実に上っていくことだけではなく、今日の一段を上るから明日の一段があるということなのだ。今日上らなければ明日はないというか、明日は生まれないということである。

今日は今日かぎり、これは大切な心のもちようである。しかしその真意は、明日は予定に入れず今日かぎりと生きることが、じつは明日を準備することだ、ということである。

年間計画を立ててメリハリをつける

今日と明日の関係は、連続の非連続であるとはいえ、そこに「計画」というか、永続的なものを求めることは難しい。今日と明日がリンクしているだけで、それがその先どこに向かっているのかということは「自明」ではない。人は、たとえそれが間違った方向であれ、どこへどう進んでいるのかがわかっていると、軌道修正は可能である。ところが「方向」(目的)が決まっていないと、方向感覚を失い、前進と思っているのに、逆方向を進む羽目に陥る。

定年前は、会社が一日一日やるべきことのつながりを与えてくれた。自分で「目的」を立てて進めようというのは、補助的なことにすぎなかった。しかし、定年後は、つながりを与えるのは「自分」以外にない。自前のプランがなければ、おのずと「放縦《ほうじゅう》」というか「散漫」になる。

放縦や散漫は、つまり「とりとめのない生活」は、数日あるいは数週間なら楽しいかもしれない。楽々と過ごすことができる。だが、これが数ヶ月、数年続くと、どんな人間でも耐え難くなる。飽き飽きするのならまだしも、何かをする気力ばかりか、体力をも奪い去ってしまいかねない。この耐え難さは、遊びたい盛りの子どもでも、無為と気楽に浸りたいという老人でも、変わるところはない。
一、年間計画。大まかに、一年でやるべき「総量」を策定する。すでに決まっているものと、新規に始めるものを確認することが重要だ。
二、季間計画。これはあったほうがいいが、なくてもいい。三カ月ごとのプラン策定というより、事後点検の性格が強い。何を積み残したのか、によって、プラン修正を図ってゆく。
三、月間計画。
四、週間計画。
五、日計画。

なお、一年のプランは先にある（ほうが望ましい）が、季月週日のプランは、進行に合わせて（プラン変更も含めて）直前直前にできてゆくというのが普通だろう。

定年後の場合、現実の生活にメリハリをつけるということも大切だが、のっぺらぼうになりがちな「心」の動静にメリハリをつけることが重要なのである。仕事があるかないかは、仕事をどうこなしてゆくかは、このメリハリの根幹をもちうるかどうかに、強くかかわってくる。

2　仕事は楽しい

生活と気持ちに張りができる

定年前は、良きにつけ悪しきにつけ、仕事によって生活のメリハリ（抑揚）がつけられていた。リズムが決まっていたのだ。リズムがあるときは（あるからこそ）煩わしい、消えてほしい「邪魔もの」と思えた仕事なのに、なくなると、毎日の生活にリズムがなくなる。心身ともにピシッとするところがなく、かったるくなる。定年後、仕事がなくなって、ホッとする反面、気持ちに張りを失ったような「空漠《くうばく》」感にとらわれる理由である。

結婚なんてしないほうが楽だ。気楽だ。他人の監視と干渉の前にさらされることを自ら決行するようなものだ。虜囚《りょしゅう》志願に等しい。若いときの気の迷い、とんだ誤解がなければこんな厄介なことに足を踏み入れたりなどしない。長年つねにそばにいる女をつくづく眺めると、こんな感慨に耽らないであろうか？しかし、監視と干渉という「張り」があるからこそ、生活にメリハリができるのである。結婚生活ほど煩わしいものはないが、緊張というか張りのある生活で楽しい。こう思える。

定年後も仕事をもとう、定年前にその算段をつけておこうと私がつとにいってきたのは、毎日の仕事以上に生活に張りをもたせるものはないからである。

なに、生活の張りということならば、好きなゴルフがある。仕事を辞めて、ゴルフ場「付き」の土地を購入し、ログハウスを建て、ゴルフ三昧の毎日を妻とともに過ごしている。こう、ガーデニングや隣人たちとのパーティーをしながら楽しそうに語る夫婦の一日を紹介したテレビ番組を観た。

ゴルフ三昧の毎日が楽しい、という夫婦の言動に嘘偽りはないだろう。しかしミシン一台から始めた仕事が成功し、その「事業」を処分して、超忙しい仕事生活からゴルフ三昧の生活に変わったのである。できれば、仕事を辞めてまだ数年という夫婦ではなく、少なくとも十数年という夫婦を紹介してほしいものである。仕事のないゴルフ三昧の生活を楽しく続けているかどうか、聞きたいものだ。

それはともかく、仕事があってゴルフがある、普通の家の生活があってログハウスの生活がある、これがメリハリのある生活だろう。しかし、ゴルフとログハウスだけの生活にメリハリがあるのは一定期間だけである。喩えてみれば、前菜もデザートもない、メインディッシュだけの食事が続くのである。飽きて、張りがなくなって当然ではないだろうか。

一日が「終わった」というけじめができる

一日がきちっとそれも定刻に始まる。やるべきこと、毎日の仕事があるからだ。生活のリズムという点でいえば、これほどのものはない。

　同時に、始まったものはきちっと終わりたい。定刻にだ。毎日六時に仕事を始める。昼食を挟んで四時まで続ける。まだまだ余力があると思っても、脳から「ご苦労さん、今日はここでおしまいです」という指令がやってくる。体内時計である。午前五時間、午後三時間、これが私のもっとも心地いい仕事リズムである。生活の中心リズムだ。

　四時に必ず終わらなければならないという「必然」はない。しかし四時に終わるのと終わらないとでは、「気分」がずいぶん異なる。まず、すっきりしない。次いで、続く時間が何かしら中途半端である。何をするにしても、自ずから なる楽しみに浸れないのだ。そして、スムーズに眠ることができない。

　それでというわけではないが、仕事を終えたら、緩衝《かんしょう》時間として酒を飲む。きっちり四時で仕事を終えることができないときでも、酒で心を和ませることができるというわけだ。なんだかみみっちいねというかもしれない。しかしこれが心のリズムをうまく取って生きる私の長年のマナーである。仕事がうまくゆくだけでなく、生活がどんなに単調そうに見えても、その中にリズムがある。

仕事を定刻で終えるというのは、精神衛生上非常に重要なことである、というのが私の経験則である。定刻を越えて仕事を続けなければならない場合でも、定刻で終えて、仕切り直しをし、また新たな気持ちで始めるのがいい。

つまり、「仕事が片付いた」から「終わる」のではなく、「定刻がきた」から「終える」という行き方がいいのだ。仕事は明日も続く、だが（だから）今日はここで終える、というリズム感を大切にしたいのである。もっとも、私の場合、四時台に、観たいドラマの再放送があるという、長い間の習慣もあるのだが。テレビを肴《さかな》に酒を飲む時間が始まる、というわけだ。

「ああでもない、こうでもない」と考える楽しみ

仕事をする楽しみを仕事自体に即して考えてみると、どう答えることができるのだろうか？

若いときは力に任せてやってきた。とりあえず直線を一キロメートル走る。もしうまくゆかないとわかったら、引き返そう。また一からやり直す。一つの仕事をやり終えるのに、右往左往し、へとへとになりながら、仕上げてゆく。

無我夢中で膨大なエネルギーをかけてだ。

これも私事だが、最初の著書を書くのに、書き始めて（起稿）から脱稿までだけで半年かかった。書き上げたとき虚脱状態になった。しかし、これはまだ半分を経過したにすぎないのだ。半ば虚脱状態の中で、その脱稿から最終校（校了）を得るまでおよそ半年かかったのである。大本は決まっているが、全体のバランスを整え、細部におよぶまで神経をゆきわたらせるという作業（校正）だ。これは、ゲラ（印刷校）が出て、二～三校へと進み、校了になるまでくり返される。

定年の前後である。仕事の内容や手順を、事前にあれこれと練って、できあがりを想定して進むことができるようになる。若いときの「ああでもない、こうでもない」は「迷路」だった。熟練者にとって「ああでもない、こうでもない」は、事前に行う確定作業である。

こういうふうに言ったらわかりやすいだろう。

レシピにしたがって料理を作ろうとする。レシピが指示した材料を買いに出かける。ところが材料が揃わない。レシピどおりにはいかない、何かが欠けた料理ができあがる。うまいだろうか？　まずくないとしても、予期した料理はできあがらない。

ベテランはどうするか？　同じように材料を買い出しに出かける。材料が揃わない。手に入る材料をあれこれ並べ替えて、即座に、材料の揃う料理に切り替える。頭の中に何枚ものレシピやそのバリエーションが詰まっているからできることである。

もっと極端にいったら、作るべきもの（プラン）が決まっていて、土をこね陶器を形作るのではなく、土をこねながらその土（材料）の状態からおのずと作るべき器が決まってゆく、という行き方である。この土をこね上げて手に伝わってくる感触から「ああでもない、こうでもない」とやっているときが、「無から有が生まれる」創造の時で、一番楽しい時間だ。

正確には、そういう創造事ができるようになると、仕事が手の内に入るようになると、仕事をすること自体が楽しくなる。やらずにはおられなくなる。年を取ろうと仕事を続けるべきだ、という理由だ。

3　仕事のあとに楽しみがやってくる

遊びは仕事をした自分への「褒美」

仕事が好きな人、楽しい人は、いつまでも仕事を続けていたいか？　仕事中毒だろうか？　そんなことはない。仕事は好きだが、仕事が終わったあとはもっと好きだ。仕事場から出てくるとき、終わったときのホッとした疲労感が全身ににじみ出ている。しかしそれもつかの間である。仕事着を脱ぎ捨てるころには、仕事中とは違ったオーラ（aura）が現れ始めている。

「自分を誉めてやりたい」はバルセロナに次いでアトランタのマラソンで連続メダルを取った有森裕子《ありもりゆうこ》の言葉（「はじめて自分で自分を褒めたい」）で流行語になった。有森のはマイクの前で多くの人に向かっていった謙譲の言葉だったが、それが自らを「誇示」する言葉へと転移していった。だが、「自分を褒めたい」は自分自身に向かって心の中でつぶやく言葉であるというのが私の考えだ。何か素晴らしいことをやったからというよりも、今日もやるべきことはきちんとやったね、明日もまた頑張ろうね、という「区切り」の自己確認である。「区切り」といった。仕・事から、遊・事への区切りである。「仕」（work）から「遊」（play）へ、強制から自由へ、である。よく働く人はよく遊ぶ。忙しい人ほど、寸暇を惜しんで遊ぶ。しかし、仕事も人生の重要事なら、遊びも人生の重大事である。よく遊ぶために、よく働くのである。よく働く人の目的はよく遊ぶである。私の観察ではこう見える。

ただし、よく遊び、楽しく遊ぶためには、仕事がよくよく（＝入念に）でなければならない。こんなことがある。

高校の同級生だ。上京したので電話をした。前日にだ。当方も用事を抱えてやってきたのだ。「ちょっと会わないか？」と尋ねたところ、「明日仕事が詰まっている。残念だが……」という。それでというわけではないが、マルチタレントも顔負けの仕事で多忙を極めている作家がいる。電話で「明日、会う時間取れませんか？」と尋ねた。即答で「いますぐなら時間を取れます」と返ってきた。五分後に会ったが、スケジュールを三〇分ずらしたそうだ。いまならできるが、明日には動かせないスケジュールが入るかもしれない、というわけだ。この二〇分間は、じつに楽しかった。この人とはもう会わなくてもいいというほどに、気がすんだ。件《くだん》の級友には以降電話を掛ける気もしない。

遊びは仕事に対する自分自身がする「褒美」である。褒美に値する仕事をしてはじめて「自分を褒めてやりたい」ということになる。

楽しく遊ぶためにも仕事をする

しかし重要なのは、仕事が大きな成果を上げたから「ご褒美」というのではない。「成果」はわずかでもいいのだ。否、わずかなときにこそご褒美の「遊び」が必要になる。

大きな仕事をした。時間も労力も存分に使い果たした。大いなる褒美を自分に与えたい。長期休暇が欲しい。こう思える。ところが、大きな仕事をしたあと、大きな仕事が続いて入るというのが通則である。それを断って休暇というわけにはゆかない。仕事を断って長期休暇ということになると、次の仕事がいつ巡ってくるかわからない、という可能性が大なのだ。

仕事をした。時間も労力も十分に掛けたが、成果は上がらなかった。こういうときにこそ「ご褒美」が必要だと思わないだろうか？　自慰である。誰も褒めてはくれないのである。自慰行為（マスターベーション）でもするほかない。これが上手な人は、「失敗」から立ち直りやすい人である。ほんのわずかでもいいから「遊びたい」で、「気晴らし」である。「遊び」の本義だ。

仕事をどんどんこなしている人は、年齢に関係なく、暇があろうとなかろうと、暇を作って遊ぼうとする。「寸暇を惜しんで遊ぶ」というスタイルをもつ。仕事のあいまにも遊ぶ。じつに遊ぶのが好きな人間だ。この寸暇の「遊び」のあいだに、寸暇を惜しんで働いているように見える。じつに素敵だ。

ところが定年後である。仕事がなくなった。遊び時間が山ほどある。ゴルフ、ドライブ、旅行、忙しかったときあんなにもはつらつと遊ぶことができたのに、時間がどっさりできると、楽しくないわけではないが、いつでもできるのだからというので、むしろ億劫になる。

「暇つぶし」に、極端にいえば、遊ぶ時間以外をもたないのに、遊んで楽しいというのは、よほどの遊びのプロ、つまりは「遊び人」である。こういう人の話はこの本の課題の外にある。

定年後、楽しい遊びをもつためには、ガンガン仕事をすることに越したことはない。適度に仕事をするのなら、遊びを制限することだ。友人が、おいしいビールを飲むために、昼間から水分を取ることを極端に制限していた（ただし、これを私が真似をしたところ、たしかにビールはおいしかったものの、脱水症状になった。おいしいことが危険と背中合わせでもあることを痛感させられた）。

遊ぶことは、とくに定年後に楽しく遊ぶことは、想像以上に難しいことがわかるだろう。

安らかに眠るためにも仕事をする

定年後、多くの男が人知れず悩むのは、安眠できないことではないだろうか？　とくにすぐ横のベッドで寝ている連れあいがぐうぐう高いびきをかくときなどは、ベッドに入った身を再び起こして居間に戻り、テレビのスイッチをつけ直してしまう。こんなときに思い出すのが、仕事疲れ、飲み疲れて帰宅して、泥のように眠ることができたサラリーマン時代のことだ。安眠がこんなにも難しかった、などとは想像だにしなかった。

たしかに、難事が起きて眠ることができない日は何度もあった。度を越した仕事を強いられて、ストレスのため眠れない日が何日も続いたことがあった。しかしそれは異常日のことである。常時はベッドに入ればおのずと眠ることができた。

ところが定年後、いつも常時なのに、しかも眠くてしょうがないのに、ベッドにはいると眠ることができないのだ。うつらうつらの状態が一、二時間続くのである。目覚めも早い。薬や酒の力を借りなければ眠りに就くことができない。これはなかなか辛くて厄介なことである。

仕事は楽しく遊ぶため、といった。さらに、安眠するため、ともいわなければならない。

人間は、生きているかぎり、黙っていても腹が空き、眠たくなるものである。ただし生きるリズムをきちんと刻んでいるときのことだ。定年で、仕事がなくなると、そのリズムが狂う。変わるだけでなく、生活にリズムがなくなる。仕切りのない生き方とは、いつ食べ、いつ活動し、いつ寝てもいいというフレキシブルタイムの生活のことだ。

リズムが変わるのは仕方がない。しかしリズムがなくなるのは、生き生きと＝きちっと生きることができないということだ。いってみれば「半睡」状態のことである。起きているときは眠っているようで、寝ているときは起きているような状態である。

生活にリズムを与えよう。その最適の方法は、定時に決まったことをすることだ。もっとも簡便なのが「仕事」をすることだ。考えてみるといい。単純化すれば、仕事をしていたから、安眠できたのである。男は安眠のためにこそ仕事をしていた、といってもいい。その仕事を辞めて安眠のある生活を送ることは難しい。

4　定年後の仕事は浪費だと思え

浪費する仕事でもいいじゃないか

定年後、どんな仕事であれ続けるのがいい、というのが私の考えだ。「仕事をしたい！」という人は、定年後をいきいきと生き抜く第一条件をもっているといっていいだろう。いい人生を期待してもいい、ということだ。

ただし、定年後、プアな家計を考えて、そのために働きに出る、という人には「少し違うのじゃないだろうか？」といってみたい。定年後、経済のことを主眼にして働く、つまりペイのために働くのは、経済効率からいうと「悪い」のである。財布が膨らむのに経済効率が悪いとは、どういう意味か？

財布のことだけを考えてみよう。定年を二年残して早期退職したTさんは、郊外の広い庭を利用して園農を始めた。ただし趣味であり、販売するためにではない。定年後の生活として思い描いていたのは「晴耕雨読」である。ただし悠々自適とは少し趣が違う。

夫婦二人だけの生活とはいえ、園農をやるには初期投資も含めてかなりの費用がかかる。それでも、ほかからの収入をすべてカットして、好きなものを植え、育てたい、という思いである。二年間だけ残務整理という名目で、週三日、退職した会社に通うことになった。たしかに収入はバカにならなかったが、新しく始めた「農」に没頭できないのである。ストレスが溜まる。体調がおかしくなる。それで、一年目が過ぎるころ、体調不良を理由に、完全に会社勤めから身を引いた。完全な退職金と年金暮らしが始まった。

T夫婦は「農」を仕事だと考えている。ただし収入のともなわない、支出がかなりある労働、したがって仕事というより「道楽」である。だから楽しい。身にも心にもいい。それで一五年続けることができた。予想以上の「農園」ができあがった。悔やむことのない退職生活を送ってくることができた。

Tさんは支出を可能なかぎりカットして、「農」に資金を注いできた。経済学的にいえば「浪費」である。しかし「仕事」に労力も金力も投資したのである。ほかの人にはどうであれ、立派な「作品」ができあがった。その作品の中で存分に生活をエンジョイできるのである。それに食べても観賞しても有り余る成果がある。近隣にお裾分けする楽しみもできる。

生活は消費である。その消費を自分たちの楽しみに使う。ショッピングや旅行じゃなく、園農ということだ。こういう生活を楽しむことができる人は素晴らしいじゃないか。

仕事が一番の楽しみ

仕事をやっているときは好きなことができなかった。まだ元気なのだ、定年後も仕事を続けて、稼いで、その金で好きなことをしよう。こう思われる人もいるだろう。

ところが「好きなもの」が難しい。Tさん、「晴耕雨読」を望んでいたが、残念というか、当然というか、「雨読」のほうは間口まで進んでストップしてしまった。冬雪が降る。農事は停止状態である。時間がたっぷりある。ところが本を開いても、楽しくない。むしろつらい。ただし農事の本や資料は読んでいて楽しい。誰に読んでもらうというわけではないが、農事メモというか日記を暇なときに整理する。これがなかなか力が入る。

Ｓさんは六〇歳で定年を迎えたが、六五歳まで嘱託（フルタイム）で勤め、昨年から仕事があるときだけ稼ぐというパートになった。仕事内容は、定職時の延長線上にあるもので、新鮮味などない。パートで稼いだ金は、自分で自由に使ってもいいという妻との黙約ができている。金のほうは、けっして少ない額ではないはずなのに、なんとはなしに財布から消えていってしまう。それはいい。仕方がない。どうせ「余禄」である。

だが、パートでやってくる仕事に新鮮味も充実感もなく、すでにやってきたことの反復にすぎないのに、やっているといないのとでは、毎日がまったく違う感じがする。

第一、定年前、起きるのが億劫だった。ところが、定刻前にぱっちりと目が開くのだ。何よりもいいのは、自分は仕事が嫌いじゃないらしい、むしろ好きかも、と思えることだ。これは「なくなってみてその有り難みがわかる」のとは少し違う。六六歳だ、あと一〇年は楽しく生きるのに困らない。そう思えるのだ。

定年後、仕事をするのが一番の楽しみ方である、などとは予想だにしていなかった。こういうことは妻には秘密にしておこう。妻のほうは、やれ旅行だ、友だちづきあいだ、映画鑑賞だと忙しそうである。仕事をすればもっと面白くなれるのに、ザンネーン、というわけだ。これで、同じ仕事ではなく、まったく違った仕事なら新鮮で、緊張を強いられて、もっと面白く感じられるかもしれない。

ただでもしたい仕事をする

団塊の世代が大量退職し、若年労働力が減り、日本の労働力不足が大きな問題になっている。老年労働力の利用というか、再利用が重要視されている理由である。

しかし、働くほうから見れば、定年後の仕事は収入増を見込むことができるものの、働くこと自体を定年後の生活の中心に置くと、なかなかいいのである。ところがこんな意見がある。

高齢労働力の再利用は、リサイクルにすぎない。安かろうよかろうじゃないか。安い金とひきかえに働くなんて、ばかばかしい。家で寝ころんでいたほうがましだ。それに単純労働や３Ｋの類の仕事ばかりじゃないか、大の大人がやっていられるか。こう考えている人もいるだろう。

しかし定年後の仕事は無償でもいい、と思ったほうがいい。「ただでも」したい仕事がある、これが理想型である。報酬なしでするのだから、確実に持ち出しである。無償という意味だ。

新宿歌舞伎町のゴールデン街で飲み屋をやっていたＯさんは、残念ながら引退したが、赤字のため、店を続けたいからというので昼間はアルバイトをやっていた。やりたい仕事をやるためにアルバイトをする。ただしＯさん、才能があふれていて、アルバイトのほうも好きだった。

好きな仕事を続けることができて、金をもらえるなどというのは、よほどの幸運と思ったほうがいい。私は、「プロだ、金をもらう仕事をしなくてどうする。ただの仕事はするな」といい続けている。じゃあ、ただの仕事をしないか。よろこんでする。

「無償」だから空しいのではない。「無償」にもかかわらず楽しい、というのもぴったりこない。「無償」だから楽しいのだ、という仕事の仕方が最上に思える。ボランティアを「仕事」にするなどもその一つだが、ボランティアなどと気取らなくてもいい。「やります」「やってあげます」ではなく「やらせてくださ い」の心性でことに臨みたい。クレームをつけられて当然である。そう思える。

そうそう、Tさんの奥さんが、収穫物をそっと玄関フードに置いていった。「余りましたので、食べてくれませんか」という簡単なメモがいつものように入っていた。

第六章

「老後」とは何か？

いつから「老後」?

定年後に男が考えなければならない主題についてああでもない、こうでもない、と語ってきた。しかし、「老人」とか「老後」とかいうが、いったいいつからなのか、どのような状態をいうのか、やはり一度は立ち止まって考えなければならない。

私自身は、老後であろうと老人であろうと、自分で再定義して生きてゆけばいいから、どうであろうとかまわないと考える。哲学などに馴染んでいるくせに何をいい加減なことを、といわれるかもしれない。

八三歳でも老人と呼ばれることを拒む人がいる。男だ。ところが、五六歳のとき、私の人生の「後期」が始まったと思えた。少(=前)・青(=中)・老(=後)期だから、老人期に突入したからである。

「少・中・老」という三段階であればことは簡単なように思える。しかし辞書にあるように、中年とは「青年と老年の間の年頃。四〇歳前後から五〇歳代後半あたりまで。壮年。」(大辞林)とある。

それでも「少」年を「幼・童・少」、「中」年を「青・中・壮」、「老」年を

「初・中・古」と分けることは可能だろう。こう区分してみるとすっきり見えてくるのではないだろうか？

少＝〇～二〇、中＝二一～六〇、老＝六一～（初老＝六一～七〇、中老＝七一～八〇、古老＝八一～）をいちおうの区分としてみる。これは「平均値」である。個人によって老人度の実態は大いに異なるが、あくまで目安である。まさか、いくら平均寿命が延びたからといって、七〇歳以上からを老人というのは、行きすぎだろう。

「老人」と呼ばれたり、自ら呼ぶことを躊躇ないし嫌悪する人の気持ちは気持ちとしてわかるが、老人も働く時代になったのである。初老でも、中老でも、時によっては古老でも働くことができるだけでなく、「働きたい」という時代になったのだ。「現役のまま死にたい」が一つの可能な理想型になったのである。

人生の後期段階に、人生の仕上げとして、実りある成果を上げたい。こう願い、実践する。ちょっと以上にどきどきしないだろうか？　私はしている。幸運である。

1　老後は「仕事」を辞めたときから始まる

級友が「残骸」に見えるとき

友がみなわれよりえらく見ゆる日よ　花を買ひ来て　妻としたしむ（『一握の砂』）

石川啄木の歌である。若い日々、誰というわけではないが、軽重を問わず嫉妬を抱かざるを得なかった友がいるものだ。だが啄木もリタイアまで生きていたら、こういう想いの歌をうたうことはなかったのではないだろうか?

定年後の高校の同期会である。九割は退職している。正面からつくづく凝視すれば、ほぼ全員が「残骸」に見えた。ギョッとした。ということは自分も残骸に見えるに違いないということだ。代議士もいたが、例外ではなかった。年を取った。若いときの姿をよくよく知っているからではない。六〇歳というのは、人生行路で何か後戻り不可能な重要なものを踏み越えることに違いない、と思えた。

ところがである。一時間もたったころ、数人と卓を囲んで話すうち、確かに年を取ったが、好ましい男が目の前にいるのである。一人や二人ではない。意外なのは、話の調子からすると、私自身もあんがいと好ましいらしいのだ。

ではあの同期生がいっせいに「残骸」に見えたのはなんだったのだろうか？　幻覚だったのだろうか？　そうではあるまい。

「残骸」を感じとったのは、姿形のことではなかったのである。「カビ」のようなものである。黴菌《ばい》というほどでもないが、体を、もちろん頭を動かしていないとおのずと皮膚にこびりつく（と思える）チリというかカビに一瞬だが視覚が反応したように推察するほかない。

このカビは、強く振り払わないと体から離れない。風通しのいい世界、あるいはたくさんの生きた体臭のある場所にまみれないと、消えないあるいは拡散されないたちのものではないだろうか？

むしろホコリがなく、摩擦がないところにいると、おのずと体の内部から少しずつ吹き出してくるカビの類に違いない。多数が集まれば一瞬感じとることはできるが、すぐにカビの持ち主同士が混ざり合って臭《にお》いを感じなくなったということらしい。なれである。

「加齢臭」という言葉がある。これなのかなと思えたが、どうもそうではないらしい。加齢臭にははっきりとした身体的（生理的）必然がある。私が感じとったのは「無為」から生まれ出るカビの臭いである。単独では感じとることはできないが、集合すると、一瞬だがキャッチ可能なのだ。

自分のために生きる

定年前は会社に仕えた。家族に仕えた。定年後は自分に仕えたい。せいぜい夫婦二人でゆっくり生きたい。こう考える人はどれくらいいるだろうか？　かなり多いように思える。

「自分に仕える」とは「自分のために生きる」ということだろうが、「自分のために」とはそれほど自明なことなのだろうか？　私には説明を要することだと思える。

一つは「会社」や「家族」のために生きるということが、「自分」のために生きることに対立したことなのか、という疑問である。

私の父は大正生まれで、商業中学を終えてすぐ家業を継ぎ、来る日も来る日も「家」につながれて生きてきた、と苦情を漏らすことをつねとしていた。自分が家（会社と家族）の犠牲になったというのだ。

しかし父には継ぐべき家業があったではないか、その家業（財力）を捨ててまで自分のやりたいことがあったのか、と他人の目になってみればいうことができる。父からしてみれば、違った人生を生きる可能性を奪われた、といいたいのだろう。

事実、父は衰退する家業をなんとか食い止めようとして頑張った。家族のために闘った。だが家業は潰れたが、父は安らかな老後を得ることができた、といっていいのではないだろうか？

第三者になって見れば、家業を潰して、「自分のため」になる人生を全うしたことになるのではないだろうか？

「自分のために」と思わなければ、会社のためにも、家族のためにもなることができない。これが私が思うベターな生き方の根本にあるものだ。会社のためにはイヤな仕事でもする。会社なしにはイヤな仕事もなくなるではないか。

ただし自分の好きな仕事を見いだし、できるようになるために（までは）、イヤな仕事をやり続けるのだ。家族のために本業のほかにアルバイトもする。家族にひもじい思いをさせて、自分の心が冷えるよりも、自分にとっては心が安まるベターな生き方だと思えるからだ。

しかし会社がどういおうと、家族がどう叫ぼうと、自分がしたいと思うことを見いだそうとすることをやめない。

この自分（のやりたいこと）に対する思いは、もちろん、定年前も、定年後も変わらない。変えてはならない、と思っている。もちろん定年後だって、自分だけに仕えていい人生なんて、都合よく生まれない。

仕事を辞めると人生は「残余」になる

人間にかぎらず、すべてのものに「残余」がある。これまで「老後は残余ではない」といってきた。二〇〜三〇年間もある老後を「余り」とか「残滓《ざんし》」（残りカス）とかいうことはできない、という意味でだ。問題は実態的な老後のことである。それはリタイアを境に始まり、その日からが「残余」なのだ。五〇で完全に仕事を辞める人は、その後の長い人生を「残余」として生きるのである。これはこれで大変ではないだろうかと思量する。

ただし老後の「仕事」は儲け仕事（ジョブ）にかぎらない。無償のあるいは浪費のワークであってもかまわない。

私の父は七〇歳の直前で亡くなった。家業を辞めたあとの一〇年は、病を得たとはいえ、豊かで安らかな日々だったが、私の目から見れば、明らかなる「老後」＝「残余」であった。

したがって「残余」に悲惨や不幸を重ねる必要はない。「西日」が山肌を赤く染めて落ちるときの美しさも「残余」である。「残光」というより「寂光」で、表現を超えて美しいという「残余」もあるのだ。

ただし「生体」である人間は、残余を生き始めると「活生体」のときにはなかった「カビ」が生えてくる。これは否定しようもない。生とはつねに「死」からの生還のくり返しである。人は死につつ生きるのだが、この生と死の可逆的サイクルである新陳代謝が緩慢になると、「残余」が開始する。老後も仕事を続けることの重要さは、活生体として生きることで、経済面や健康面に還元できない理由である。了解してもらえるだろうか？

もっとも私は残余であろうとなかろうと、人生に残りがあれば可能なかぎり最後まで、自分がやってきたことを続けていきたい、と願っている。幸いなことに、やってきたことにきりがないと思える。価値や評価の大小にかかわらず、これまでもこれからも続けてゆくことができたらビューティフルと思っている。

もちろん、老後だ、心おきなく手足を伸ばし、ゆっくり過ごそうという人がいて当然だ。そのためにこそ年金や退職金がある。こう思える人は、それはそれでいいだろう。ただし本書におけるテーマの外にいる人のことだ。

2　男たちの老後、女たちの老後

老後、女は強欲になる

人生を満喫したい。こう思わない人はよほどの偏屈屋に違いない。「満喫」

とは十分に飲み食いすることだが、人間の「欲望」というのは強欲というより底が知れないもので、「これで満喫」という線があるわけではない。追い求めれば求めるほど欲望度は強くなる。

総じて女のほうが男より強欲だといわれる。たしかに、ブランドものに群がる女を見ていると、なんでこんなものに、と空恐ろしくなる。いわゆる「物欲」の強さである。

しかし権力とか名誉とかということになると、歴史的にも現在的にもほとんど独占してきたということもあるが、男のほうが凄まじい。女から見ると、なんでそんな「霧」のようなものに執着するの、ということになるだろう（もちろん例外はある。どこにでもいつでもある。夫を殺し、二人の息子を死に追いやり、実父を追い出し、権力をわがものにした北条政子のような魔王のような女もいる）。

男と女の欲望の違いは、老後になるといっそう際だつように見える。老後、多くの男が権力からも名誉からもどんどん遠ざかり、つれて欲望実現の見込みがますます狭まり、空虚になり、縮小し、穏やかな人間になってゆくのに対して、女の欲望は目の前で展開しているグッズ（goods＝よきもの）の多様な変化に引きずられて、財布の許すかぎりの上昇線を描いてゆく。立派な「もっともっと」という欲望過剰人間ができあがる。

しかも女は自分が満喫するために財布を開くことがあっても、他人のため、夫や子どもたちのために財布を全開にする例などはほとんど見たことがない。といって女はリアリストかというと、そんなことはない。「もの化」した欲望の対象により強く惹きつけられるにすぎないからだ。

ただし、権力や名誉獲得競争に巻き込まれたり、自ら名乗り出て、痛い目に遭ったことが一度や二度ではない男の経験に比べて、ほとんど未経験な女が、権力や名誉という強欲に誘引されたとき、自己抑制力がなくなることはよく知っておくといい。度を失い、完全に人間が変わる例も稀ではない。

何はなくとも女は「子」を残す

男の心中には、「何か」（something）を残したい、という望みがある。というか、本書で私が対象にしているのは「何か」を残したいと思っている男である。この「何か」が厄介である。

　ほとんどの男は、定年前にやったこと、就いたポスト、得た社会的評価に満足することはない。

　若くして教授になった。研究業績もなかなかのものだ。学長に推され二期務めた。定年を三年も多く大学に席を置くことができた。政府委員にもたびたびなった。勲章もいただいた。七五歳である。申し分なき人生のように思える。しかし、彼には憤懣《ふんまん》やるかたなきことが残っている人生なのだ。二つある。大学同期の男がI出版社から全一三巻の著作集を出した。一三巻ほどにはならないが自分にだって書いたものがある。ところがまだ声が掛かってこない。なぜだ!?　もう一つは、通例からいうところの大学の学長を二期勤めたものの過半には「文化功労賞」が授与されてきた。それを授かれば、文化勲章も夢ではない。ところがついぞそんな動きは見えない。なぜだ!?　である。

　定年後、何かを残したい男のほとんどは、望むものの半分も残さずにあの世にいってしまう。他人の目から見ると、画竜点睛《がりょうてんせい》のような生き方をしたと思える人も、残したかったことの過半もやることができなかった、という思いに襲われるのだ。死を迎えたときは、悔しみというより諦めが勝っている。

これに対して、私が見聞してきたかぎりの女は、老後「何か」を残そうとして全身を振り絞るという姿を見たことがない。その意味ではまことに女の老後はエレガントである。この男女の違いはどこから来るのだろうか？

男がどんなに大きなものを残したと思っても、五〇年もたたないうちに、そのほとんど全部が雲散霧消《うんさんむしょう》と化してゆく。それが偽りのない事実だ。しかし女の残すものはどうか？

女は何を残さなくても「子」を残す。その子どもたちから、その末がまた残ってゆく。これは女たちだけにゆるされた特権である。

「何か」を少しでも残した男は、私を産んでくれた「母」がいなければ、なしとげられなかったと思いもし、言葉に出していうことだってある。「父」は自分を産む手助けをしただけの存在なのだ。だから母がこれといって目立ったことを何もせず、家庭の中で子どもを育てることに専念してくれたという事実のほうが、子（＝男）としてはうれしいのである。男には、この「絶対の何ものか」を残し得たという充実感がない。

妻を喜ばせるためにも仕事をする

老後、男は連れあいなしには満足な日常生活も送ることができない。会社を辞めたら、家庭にへばりついているだけなのに、迷子同然である。下着一枚まともに出せない。女＝妻にとってははなはだ迷惑千万である。こういう叱咤が飛び交う。そうだろうか？　これは男だけのことだろうか？

もう一〇年以上前になるだろうか？　知りあいの大学教授（女）から電話がかかってきた。とくに用事はないが、六五歳で定年を迎えた。今度夫と別居することになった。アパートで一人住まいである。時間がある。思う存分自分の仕事ができる。そういう主旨のことを声を弾ませていうのだ。

それからすぐあと、H新聞にその先生の連載が始まった。一年後それをまとめて本にもなった。だが五、六年たって、先生夫婦（旦那のほうは未知）はもとの鞘《さや》に収まった、ということを誰とはなしに聞いた。先生にはやる仕事がなくなったのだな、と思えた。

この女先生を男に置き直してみるといい。

定年前、どう表現しようと、女の存在は男の仕事自体にとって厄介なお荷物なのである。女子どもがいなければ、存分にやりたいことができたに違いない。無能な男ほどこう思うものだ。

だが、妻や子どものいない男が仕事で抜群の成績を上げたという実例を知っているだろうか？　いるとして、目立つほどに存在するだろうか？　逆じゃないのか？　妻や子どもだけでなく、愛人がいる男のほうがよく仕事をする例ならかなり知られているのではあるまいか？

定年後も仕事を続けない男（女）は、総じて連れあいの女（男）にとっては通常の時間を奪う障害物である。そのことを言葉や態度に出していうかどうかは別としてである。

これは定年後も仕事をやっていれば避けることができる。相手の厄介になることを可能なかぎり避けようと思えば、男はそれがどんな仕事であろうと、続けるべきである。もちろんこれは女にもいえることだ。仕事を完全に辞めた男＝夫をおだてるようにして家事全般に引き込むのも、女の腕である。相手を萎えさせるようなことをいったりしたりして、どうやって長い老後をお互いが楽しく生き抜くことができるだろうか？

女を喜ばせる。そのためには自分だけの時間を可能なかぎり長くもつ。そのためにも仕事を続ける。これでいいのじゃないだろうか？

3　老後は先の見えない上り坂の人生

山寺を上ってみた

山形に出張で出向いたことがある。ノルマを終え、飛行機の時間までに半日あった。「閑《しず》かさや岩にしみいる蝉の声」と芭蕉が詠んだ山寺（立石寺《りっしゃくじ》）がある。レンタカーならすぐだ。ただしそのとき足をひねって歩行が少々厄介な状態だった。普段はほとんど歩かない。残暑で猛烈に暑くもある。ただし一人だ。誰の迷惑にもならないだろう。そう思って上ってみることにした。

山寺の階段は、下から上のほうが見通せない。小さくカーブしており、木立で前方が隠れているのだ。これが気分的には助かる。えっちらおっちら上りだす。手すりにつかまらないと危険なくらい急である。途中に茶屋がある。息があがって、上気している。息だけでも整えようと思ったが、ここで一服すると気持ちが萎えてしまうのではなどと思えてしまい、一段一段のろのろと上り続けることにした。本殿に着いた。ここでも一休みせず、有名な望楼《ぼうろう》に上るまで、吐息を弾ませながらしかしゆっくりと上った。高い、というか、タワーに上った感じだ。最後は坊主が修行のために上ったという崖の所まで踏み込んでみた。崖の先にも何かがあるらしいが、進入禁止の文字があった。下りは完全に膝が笑いっ放しだった。川沿いの茶店で腰を下ろすと、さすがに汗が噴き出てきた。だが車である。ビールを飲むわけにはゆかない。

五〇〇段あろうと、一〇〇〇段あろうと、階段である。急峻《きゅうしゅん》な山登りとは異なる。制限時間が決まっているわけではない。たっぷり時間はある。一段一段上ってゆけば頂上に到着する。到着しなくても、途中からでも下りをまた一段一段下りてくることができる。どんなに息が弾み、苦しくても、歩ける人なら誰でも上って下りてくることができるのが、階段である。

このとき六〇を少し過ぎていた。体調もあまりよくなかった。でも見通しの悪い階段だから、上まで上りきることができる。上というが、それは一つの上で、上の上がありそうだ。「終点」と思えるところはつねに「途上」にすぎない。山寺の階段を上りながら、老後というのは先の見えない上りの人生であり、最後に急激な下りがあるのだ、というふうに思えた。こう考えると、何か得をしたような気持ちになれたのである。

若いときには戻りたくない

「もう一度若いときに戻りたい」。「本気」でこういう人に出会うことがある。女がいうのならわかる気もする。「若い」ときの姿に戻りたい、という願望の表明である。しかし、男である、よほどいいことが若いときにあったのだろう、としか思えないのだ。

ところが「青春」がよかったという人の話は、失敗と貧乏の連続に終始するのだ。「惨めだったが楽しかった」というのである。「惨めだったからこそ楽しかった」という人もいる。稀ではない。もう一度本気かしら、正気かしら、と思えてしまう。

私の若いとき、楽しいこと、潤いに満ちたことがなかったわけではない。数え上げてみたら平均以上には上るに違いない、と思える。しかし、若いときは、「いまだ何もの」でもなかった。「希望」はあったが、その実現は「霞の彼方」にあるようにフワフワしたもので、人前で堂々といえなかった。定職に就く見込みもなく結婚した。朝も昼も夜も体力にまかせて稼いだ。三人目の子どもが生まれるとわかって、はじめて小さな地方の公立短大に定職を見いだすことができた。友人の引きによってである。三三歳だったが、私にとっては大幸運である。一九七五年月給一〇万円の職を得たことがである。あまりに固定給が低かったので、それまでやっていたアルバイトをやめることができなかった。

いつも「やりたい仕事」に飢えていた。でもそんな仕事がやってくるかどうかは、闇雲の彼方にあるとしか思えなかった。いまでも現在のような仕事がやってきたことが信じられない。僥倖《ぎょうこう》としか思えない。

やりたいことがある。自分ではチャンスさえあてがわれたら、多少はもたついても、自惚《うぬぼ》れと響くかもしれないが、やり抜く力はあるように思えた。しかしチャンスはやってこない。自分の能力を試すことができない。結果、「いまだ何ものでもない」という「宙づり」状態が続いた時代が、私の若い時代だった。二〇代から三〇代のすべてである。しかしこれは私に特殊なことだったのか？　そんなことはない、と強くいっていいのではないだろうか？

そのときどきの決定的な時期のことを思い出せば、よくも幸運が巡ってきたものだ、あんな幸運には二度と出会うことはない、と思えることばかりなのである。もう一度若いときに戻って、同じようなスタートラインに立つとしたら、「先」が判然と見えていなかったから、闇雲に頑張ることができた。そう確言できる。「約束された未来」など存在しない、だから、いま、ここで歯を食いしばらなければならない。そう思えたのである。

若いときとは逆に、いまここで頑張りさえすれば、ある程度の距離は歩いてゆける。それが定年後を迎える現在の私の心境であった。たとえ若いときであれ、あとには戻れない、戻りたくない、と考える理由である。

ウェルカム老後！

つまり強調したいのは、「老後」を「惨め」や「悲惨」と結びつける必然などないということだ。まったく逆なのだ。

いま、若いときの惨めさに戻りたくないといった。だが惨めさを再び味わうことを嫌ってのことばかりではない。その惨めさをどうにかこうにか脱することができた「幸運」を再び手にするチャンスがそう簡単にやってくるとは思えないからである。試行錯誤は覚悟しよう。失敗をくり返したのだから少しは錯誤を回避できるかもしれない。しかしピンチを逃れることができたのは、偶然が重なって、幸運の女神の前髪に触れたからにすぎず、努力をしさえすればつかむことができる「前髪」とはとうてい思えないのだ。

はっきりいおう。「カムバック青春！」ではなく「ウェルカム老後！」である。老後には、若いときと異なって、それなりの「掛け金」がある。「僥倖」を頼りの徒手空拳《としゅくうけん》の闘いに臨む必要度はぐんと減る。

老後にこそ試行錯誤は許されるという心性でことに立ち向かう必要がある、と私はいいたいのだ。これはまったくラフないい方ではあるが、若いときの勝率は一割に満たないが、老後は二割は見込めるということである。

ただし、注意すべきことが二つある。一つは自慢を少し控えることだ。とくに若いときのあまり根拠のない「自慢」を振り回さないことだ。過度な自慢は、人を引かせるだけではない。優れた人間を遠ざけるのだ。優れた人間がいなくなると、いい仕事がやってこなくなる。それほどの自慢すべきことがあるなら、お一人でどうぞおやりください、ということになる。

いま一つは老後だからスローペースでいいとは思わないことだ。山寺の急階段を上った話をした。えっちらおっちら上っていったが、帰りの飛行機の時間があるから、休み休みではなかった。上りと下りの所要時間は、スローではなく平均よりましではなかったろうか。たしかに「年寄りの冷や水」ということはある。しかし「亀の甲より年の劫（功）」ともいうではないか。年齢を積まないとできないこともある。

老後、ギアを（無理して）スローに落とすと、動きがぎこちなくなる。可能なかぎり、定刻に始めて、定時間続け、定刻に終わるというスタイルを続けることを勧めたい。スローダウンしなければならない時期は遠からずやってくるのも老後ではあるが、それを無理して早める必要はない。

4　老後には「老後の老後」がある

若さは終わる、老後は終わらない

好きな言葉がある。「芸術は長く人生は短い」である。古代ギリシアの医者ヒポクラテスの言葉で、「芸術は永久に残るが、人間の命ははかない」と人口に膾炙《かいしゃ》されているが、「芸術が完成するには長い年月がかかるが、それを完成させるには人間の命はあまりにも短い」という意なのだ。ただし、「芸術」(art) は「技術」である。ヒポクラテスは「医術は長く人生は短い」、つまり「医術の完成には人生は短すぎる」といったのである。

だが技術が高速で変化する時代である。「技術は短く人生は長い」といってみたい。高齢社会で「老後」がどーんと長くなったばかりではない。高齢者にもこの高速で変化するハイテク時代に即応する生き方が求められているのである。「ハイテクなんて煩わしい。ローテクでゆく」といっても、ハイテクの世話にならずに長い老後を全うすることは難事なのだ。「いつまでもあると思うな若さ」であり、「どこまでも続く老後」である。ヒポクラテスの言葉をもじっていえば、「老後は長く、若さは短い」である。技術に背を向けて生きてゆこうとしても許されないのだ。

普通、老後には終わり（死）がある、といわれる。近づく死を意識し、死に向かって生きざるを得ないのが老後だ、というわけだ。間違ってはいないが、「若さには時限があり、老後には時限がない」というい方のほうが実態をうまく表現しているのではないだろうか？

ということは高齢者は高速で変化するハイテクに対応するだけでなく、技術革新の担い手にもなる必要があるということではないだろうか？　若い人はハイテク、老人はローテクという区分では、まったく不十分な時代を私たちは生きているのだ。

それに若い人はどんどん老人に組み込まれてゆく。若いとき高速変化のハイテク時代を経験してきた人の老後は、ローテクだけで一生を終えることが可能だった世代とはおのずと異なる生き方を要求される。

ただし現在七五歳以上のローテク時代を生きた人とはいえ、冷蔵庫やファックスを操作することはもちろん、実物に触ったこともなかった時代の人たちとは、おのずと異なる。現在のローテクがかつてはハイテクだった時代があったのだ。

老後がない人

「老後がない人」というのは、老後を迎えずに、六〇歳前に亡くなる人のことではない。「現役のまま終わりたい」を老後の理想型と考える人が増えた、といったが、まさに現役のまま人生の後半期を終える人のことである。

老いてなお「現役」などというのはよほどの幸運と思える。ただし、この生き方はいつまでも現役ポストに固執すべきだ、などといいたいのではない。一つのポストに長く座り続けると、「老害」が必ず生じ、その弊害でむしろ晩節を汚《けが》す結果になる。「生涯現役」というのには、むしろ「一兵卒」でという心構えが必要なのでは、と思える。過去の経歴や業績を後ろ盾にして、「大物」然として生きる人がいるが、むしろ醜い例が多い。

なだらかにいえば、「老後がない人」というのは、少しも大げさな生き方ではなく、「死ぬまでやりたい仕事をして生きる」というほどの意味である。

そういう生き方が私にできるかどうかはまったくわからない。むしろそうならない確率のほうが断然高いだろう。しかし心中では死ぬまで働けたらどんなに幸せか、と思えるのだ。

いつまでも「現役」といっても、「病気」になったら万事休す、ということになるのだろうか？　病気の重さにもよるが、病床にあってもできることはある。それを発見し「仕事」と思ってやることが、その仕事が些事にすぎない場合でも、その人の人生にとっては少しも些事ではない。

病気になったら終わりだ、ということを極端にいえば、「死んだら終わりだ」になる。しかし「死ねば終わり」には対極的な意味がある。一つは、死ねば無になるのだから、生前どう生きようと同じで、仕事なんかムダだ、というものである。二つは、死ねば終わりだ、ならば生きているうちは全力でいこう、死ぬまでやるまでだ、というものだ。

人はこの対極的な生き方のいずれかを（選んで）生きる、といいたいのではない。二つは背中合わせなのだ。死ねば無になると承知しても、何かを残したいと思い、バタバタと生きる人がいる。死ぬまで頑張る人でも、自分のやっていることは結局ムダになると思い、淡々と生きる人もいる。人間はいつまでも複雑なのだ、と思いたい。

老後のあとはいつも老後

だが生命のあるものには、どんなに短くとも、「最終期」というものがある。近くの農家のおばあさんは八四歳で亡くなった。亡くなる前日も立ち働いていたが、翌日布団の中で冷たくなっているのが発見された。一面では、苦しむことのない、苦しんでも短時間のことにすぎなかったに違いないと思える、まことに幸運な死であったように見える。しかし、本人が心底から苦しまなかった、恐怖で打ち震えなかった、と誰が確言できるだろうか？　元気に立ち働くように見えた日々を、死ぬような苦しみを味わっていなかった、といえるだろうか？

ほとんどの人には、老後をどんなに元気に生き、やりたい仕事を続けることができても、「老後の老後」とでもいうべき時期が必ずやってくる。仕事ができないだけでなく、生きる気力もなくなる時期だ。まだ生きたいと思いながら、早くこんな苦しみから逃れたい、という思いに駆られる。

「苦しまないで死ぬ」、これが幸福な死である、とひとまずはいうことができる。しかし「老後の老後」である。「苦痛」のない生が望ましい生ならば、老後に「仕事」なんかやらず、何ごとにも煩わされずに「安楽」（comfort, 安逸 ease）に生きたほうがいいのかもしれない。ところが人間は何もしないと「死んだように」なる。そして死んだように生きるのが苦手なのがこれまた人間なのである。しかも苦手だからといって、よほどのことがないかぎりそれを回避できない高度医療技術社会に私たちは生きているのである。「安楽（安逸）死」はできないのである。

それにどんなに快適な（comfortable）生活であっても、病院や施設で生き続けると、死んだようになるのである。生きているのではなく生かされているように感じざるを得ないのだ。

でも、とりあえずは、「老後の老後」である。「あと戻り不可能な死」である。

それがどういうものであれ、受けとめよう、とひとまずは思うことにしようではないか。泣こうと叫ぼうと、それはその人の生き方の延長にあるものだ。「最期」だけ取り繕おうとしてもムダである。

「死」は生の終わりであるが、生の「結果」である。何人《なんぴと》の死も、その人の生と切り離し難く結びついているのだ。生きたようにしか死ぬことはできない。こう「観念」（accept）というか「諦念《ていねん》」しようではないか。せいぜいよく生きることだ。とくに晩年にはである。

第七章

人間というものは、男というものは

人間とは言葉だ

少し理屈っぽくなる。しかし重要なことで、人間の生き方ともっとも深いところでかかわるのだから辛抱願いたい。

「人間とは何か？」という根本問題に対してさまざまな答え方がされてきたように見える。しかし平らにしてみると、この命題は同じ一つの答えにつながっていることがわかる。「人間とは精神である」である。

「われ思う、ゆえにわれあり」（デカルト）というのは観念論者だけの答えではない。人間の本質を「精神」とするのは、人間機械論者であろうが、唯物論者であろうが同じである。問題はその「精神」をどのように説明するかにある。デカルトは「思惟」（精神＝思考を思考すること＝自己意識）と物質とは無関係であるという。機械論者プリーストリーは人間の精神は「脳」という物体の働き（機能）であるという。唯物論者マルクスは「言語と意識とは同年齢である」といった。

人間がもつほかの生物と異なる「性質」（本質）とは「意識」（自己意識＝思惟＝精神）である。そして意識は「言語」（言葉）なしには生まれることができなかったし、現に存在しえない。

　では「言葉」とは何か？　いま、ここにないもの、いまだかつて、どこにもなかったものを喚起する（呼び起こす）能力である。この意味で、言葉こそ真の創造力なのだ。「始めに言葉があった」といわれるが、まさに言葉こそ「創造主」なのである。

「前＝非」人間は言葉をもつことによって、自然界を超え、自然（生物）を脱する基本性質（本質）を得たのである。人間は、良きにつけ悪しきにつけ、言葉をもつことによって「自然超え」を果たしたのである。現に果たしているのである。この意味で自然「開発」は同時に自然「破壊」をも意味することがただちに了解可能になる。

　人間を言葉としてとらえる、これが人間論の根本であり、老人論を重要とみなす私の理由である。

1　人間は欲望の塊だ

欲望とは言葉

「少年よ大志を抱け」はクラーク博士が札幌農学校の生徒に残したといわれる、あまりにも有名な言葉である。「大志」とは、「私欲にとらわれず、世のため人のためになれ」ということだろう。「少年よ大志を抱け」とはBoys, be ambitious for the attainment of all that a man ought to be.で「青年よ、人間の本分をなすべく大望を抱け」と訳される。間違ってはいない。しかし問題は「アンビシャス」で、辞典にはこうあることを知っておいてほしい。ambitiousの類語と比較してだ。

《ambitious　世俗的成功を望み、その目的のために努力することで、良い意味にも悪い意味にも使われる。

enterprising　積極的に新しいことに挑戦して富や成功を求めるという良い

意味でのみ用いられる：an enterprising businessman進取の気性に富む実業家。

aspiring　現在よりもいちだんと高い精神的レベルや目的の達成を願望するという良い意味にのみ使われる：an aspiring artist向上心に燃える芸術家。》

クラーク博士の言葉はBoys, be ambitious like this old man.であったともいわれる。「この老人のように、君たち少年も野心的であれ」というほどの意味だろう。実際、クラーク博士はなかなかの野心家で、アメリカに帰国後、アマースト大学の学長ポストを辞めて、開拓使からもらった莫大な報酬をもとに、新大学を創設しようとしてならず、鉱山事業に手を出して破産している。

人間の「欲望」はきりがなく、「野心」に真っすぐつながっている。「もっとよくなりたい」これが人間の欲望の特徴、本性であり、このことは善でも悪でもないのだ。もっといい人間になりたいであり、もっと成功したいである。どちらも「野心」であり「過剰な欲望」であることに変わりはない。

この野心を動かすのが「精神」であり、言葉をもつからなのだ。もちろん、「スモール・イズ・ビューティフル」（「小さいことはいいことだ」）といって、

「欲望をもっと小さく」しようとするのも精神であり、「野心」である。言葉（がこの精神を動かしているの）である。

どのような言葉をもつことができるのか、これが人生の重大事であることが了解できるだろうか？

老後にもアンビシャス

クラーク博士に山師的なところがあったことを非難めかしていうのではない。むしろ、博士に「山師」心があったから、アメリカですでに学長のポストにありながら、遠く海を隔てた日本の海のものとも山のものともわからない学校（大学）の創立にやってきて、力を尽くすことができたのである。博士の「野心」が内村鑑三《かんぞう》（無教会主義）や新渡戸稲造《にとべいなぞう》（日米の懸け橋）を生みだし、日本の青少年に「大志」という言葉の実態を残し得たのだ。その言葉がいまでも多くの青少年の心を奮い立たせているのである。素晴らしいことだ。

しかし、クラーク博士の言葉は何よりも「老人」を奮い立たせるものだ、ということを知ってほしい。博士は、青少年に向かって、「ビ・アンビシャス」

といっただけではない。「この老人のように……野心を抱け」といっているのである。このとき博士は五〇歳であった。現在なら優に六〇歳を超している歳《とし》に当たる。

老人に「野心をもて」など、なんて生々しいことを勧めるのだ、と思われるかもしれない。しかし、「野心」とは「世俗的成功」に関することだが、生々しいとは直接関係ないのである。

たとえば定年後、海外生活の経験を生かした領域を大学院で学び直し、自分の経験を筋道立てて研究し、その成果を若い人たちに教え伝えたい、という人がいる。これは、大学で正教授のポストを得るとか、華々しい研究で世の喝采を浴びるとかという「野心」とは異なる「野心」である。前者が間違っていて、後者が正しい、というわけではなく、「野心」は人間の生き方、とくに男の定年後の生き方にとってとても重要だ、ということだ。

クラーク博士が、もし、帰国後、短いとはいえ日本、とりわけ北海道でのキリスト精神をもとにした教育啓蒙《けいもう》活動の経験を生かす方向に「野心」を費やしてくれていたら、博士の晩年は「賭け事」にともなうひりひりするような興奮をもたらすことはなかっただろうが、自身にとっても（あるいはアメリカにとっても）満足のいくものになっていたかもしれない。そのためには、自身、野望＝世俗的成功の中身をもう少し吟味しなければならなかっただろう。

　この吟味のためには何が必要なのか？　何よりもまず「言葉」である。新渡戸が日米の懸け橋に必要なものを「武士道」という言葉に見いだしたようにである。この点でこの生徒は師を追い越したといっていい。

金、名誉、色、権力を超えて

世俗的な成功を独り占めした男がいる。司馬遼太郎《しばりょうたろう》である。

　おそらく日本の作家で生前にもっとも多くの印税を得た作家だろう。いまなおその作品は売れている。読まれている。直木賞をはじめ数々の賞を得ただけでなく、日本人として最高の栄誉である文化勲章を受章した。じゃあ、司馬は金や栄誉を求めて生きたのか？　はっきりノーである。しかも多くの作家が公然とあるいは隠然と残した艶聞《えんぶん》の臭いさえ残していない。文壇を含めて、派閥を作らず、権力に一度として近づかなかった。金、名誉、色、権力からもっとも遠い生き方を求めて生きたのである。

じゃあ司馬の世俗的成功はなにゆえか？　あげて上質で堅牢《けんろう》な「言葉」を織り続けたからである。そのために全精力を費やしたからだ。司馬は衣食住という人間の本能欲望を可能なかぎり小さくして生きた。全エネルギーを「文学」という神様にささげるためである。

司馬は「文学」の概念を変えた。書きたいように書くことができ、すべてのもの（森羅万象の主題）を盛ることができる器、それが文学、とりわけ小説である、としたのだ。前半生に歴史小説を書き、後半生に『街道をゆく』をはじめとする紀行・エッセイ類を主として書いたが、それは通常のカテゴリー区分にすぎない。司馬にとってはともに「小説」（フィクション）であった。

司馬は膨大な歴史小説を書くことで、戦前戦後の日本人を汚染した皇国史観や唯物史観というような歴史観（イデオロギー）を長い時間を掛けて洗い流そうとした。もちろんこれは司馬一人の力ではないが、司馬なしにこのような難事は不可能であった。司馬とともに日本の歴史が生まれ直し始めたといっていい。

司馬の功績を取り立ててあげたら一冊の本を書くことができるくらい多いが、この二つを示せば十分だろう。

じゃあ司馬は「世俗的成功」を目指して奮闘これ努めたのだろうか？　そんなふうには見えない。だが文学への「野心」（ambition）なしに、あのような獅子奮迅《ししふんじん》の活動ができたであろうか？　できない。「英雄」ともっとも遠い生き方をした司馬が、埋もれた英雄を発見、再発見し、初老から中老を迎えても少しもその歩みを緩めなかった。その結果、世俗的栄誉を贈られ、日本人の英雄になった。

一言でいえば、司馬は世俗的成功に目もくれず、文学上の野心を追い求めた結果、世俗的成功を獲得したのである。「文学上の野心」とは、書いたものが買われ、読まれ、普及し、理解され、愛されるということだ。これも立派な世俗的成功である。

司馬は、老後、歴史「小説」から歴史「紀行」に転換した。同じ「小説」といったが、一続きのように見えるものの、業種でいえば同じ小売業でも、コンビニからスーパーに替わるくらいの違いがある。どちらも難事に違いないが、これ以上ないといっていいほどの成功を収めた。

仕事とその成果で成功を勝ち取る。老後もその歩みを続ける。たとえどんなに小規模になるとはいえ、この点をこそ司馬から存分に学びたいものである。

2　人間は自己愛の塊だ

褒められたい、認められたい

人間は自己愛の存在だ。これはいいとか悪いとかの問題ではなく、人間の本性に根ざしたもので、否定できる問題ではないのだ。両親や兄弟から、妻や子たちから、先生や学友から、同僚や上司から、その他諸々の他人から認められ、評価されたいのである。もちろん自分自身からもである。

しかしここが面白いのだが、自己愛を実現するためには、他者から褒められ、評価される存在になる必要があることだ。他者に評価されない「自分」に愛を抱く感情は、誰からも愛されない空しく孤独な愛と同じように、空虚である。

日本人はエゴイスト（自己愛存在）になり、対公共的なこと、対地球的なことに無関心になった、といういい方がされる。自己愛の過剰が反公共愛・地球愛になるというわけだ。正しいだろうか？　違う。

自己愛と他者愛は、ときに対立や抗争もするが、立派に共存することはできる。自己愛を実現するために、他者にひたすら尽くすこと（他者愛）で、評価され、認められ、自己愛を実現するという例は枚挙にいとまがないではないか。たとえば、ＧＥ（ゼネラル・エレクトリック）を創設したエジソンのように、自社の収益、もっと狭くいえば自分の利益を増大する目的をもって、安くて良質な家電製品を開発、提供し、社会に大きな便益をもたらし、多くの人に感謝されたとしても、目的が自己利益＝自己愛（エゴイズム）だから不純だ、許せない、といって非難されるべきだろうか？（実際、発明王エジソンはかなりというか猛烈に悪辣《あくらつ》な仕方で自社の利益を図り、会社を大きくした）「個人の悪は社会の利益」（『蜂の寓話』）というマンデビルにならっていうならば、「自己愛は公共愛」ということができる。

ところが、老後は、自分のまわりから、同僚や友人、近親者や肉親が消えてゆく。子どもや妻まで離れてゆくケースが多い。どうするか？　これは老後の重大関心事の一つだ。
　一つは、すげないことだが、まわりから最低限度にしろ、評価されることを残し続けるしかない。最低でも一つくらいは評価されることを残すように努力することだ。二つは、消極的ではあれ、まわりから少なくとも嫌われるようなことを慎むしかない。この二つは難しいだろうか？　かならずしもそうではないだろう。そのためには、すでに述べてきたように、「仕事」をすること、自分の過去をいたずらに誇らないこと、これが必要になる。

妻だけには認められたいが……

自己愛が厄介なのは「過剰」になるからだ。たいていの人間は、自己愛を自分でセーブできなくなって、「もっと、もっと」ということになる。そして結局それまでに獲得した「評価」を大きく失い、晩節を汚す結果になる。
　もし司馬遼太郎が、金や権力や名誉の亡者になっていたら、『竜馬がゆく』や『新史太閤記』のような過剰な自己愛をコントロールする人間の本性に通じた作品を書くことができなかっただろう。文壇の大御所になり、金ぴかの御殿にふんぞり返っていただろう。

司馬遼太郎の作品に漲《みなぎ》っているのは、人間の欲（その中心に自己愛がある）の果てしない大きさであり、深さである。暗くて底なしである。秀吉は覇権を握るまではその人間欲をよく自己コントロールできたが、権力を握ったあと自己愛に耽溺《たんでき》し、自己抑制装置を失ってしまう。

高齢社会を生きる人間にとって厄介なのは、別に大きな権力にあずかったわけでもなく、望む自己愛を実現したわけでもない人間（男）が、定年後、「何ものでもない」状態のまま二〇～三〇年も生きるということにある。こういう状態で誇りをもって生きることができるか、という問題を突きつけられているのだ。

最悪なのは、長年連れ添ってきた「妻」に認められなくなることだ。収入が減った。まだ元気なのに働く気もない。独力で日常生活を送る能力も気力もない。万事に妻を頼りにする。お荷物以外の何ものでもない。たいていの男はこう思われていると思ったほうがいい。自分の妻だけは例外だ、と思わないことだ。

誰が認めてくれなくても、もっとも身近にいる妻だけは認めてくれる、と思うのはとんだ思い違いである。

「彼がひとかどのことをするから、私を認め愛してくれるから、彼を認め、愛することができる」。これが通則である。彼が夫で私が妻であっても、この関係は基本的には変わらない。

さあ、妻に認めてもらいたかったら、どんなに些少でも、「ひとかどのこと」をしようではないか。準備をし、実行に移そうではないか。もちろん妻を認める、愛する、特別のランクに据えるのは当然のことである。エッ、いまさらこんな女を、だって。ならば、妻だけはなどという泣き言は吐かないことだ。自炊しなさい。それのほうが楽である。自愛にもつながる。

立派な墓を建ててどうする

誰にも認められない、愛されない。もとより、誰も積極的に認め、愛してこなかった結果である。文句のいえる筋合いはないのだが、そこが自己愛できている人間である。そうはいかないのだ。老後に自己愛の証《あかし》を残す手だてはある。

　私が生まれた村の墓地は、札幌市に編入されたあと、副都心を建設する、そこに鉄道を通すというので、里塚《さとづか》という札幌のとんでもない外れに移動になった。だだっ広い丘である。それから数十年して、この墓地が満杯になり、これまた郊外の丘に大規模な墓地がいくつも造成されていった。墓地の数の増加は半端じゃない。

　東京出身で、札幌に来てからだけでも三〇年近くになる独身で子どももいないSさんが、六〇歳を過ぎてM霊園にモダンで立派な墓を建てた。Sさんが亡くなったあと誰かが参るということも考えられなかった。それを友人に披瀝《ひれき》したそうだ。まわりに誰一人近親者がいないのに、新しく墓を建てるというのはどんな心積もりなのだろうか？

　敬愛する作家のKは生前に「墓などいらない。建てない」と公言していた。Kは長男で、たしか「実家」には立派な墓がある。しかしこの願いは妻に無視され、Kを葬り祀《まつ》る立派な墓が建った。いまはそこに妻も一緒に眠っている。

私の姉妹の家でも墓を造ったものがいる。姉の夫の実家にも墓はあるはずだ。私には北海道に渡ってきた曾祖父が建て、祖父がやけに立派にし、父から譲られた墓がある。その墓が、納骨堂の煉瓦《れんが》はボロボロになり、壊すか建て直さなければ危険な状態になっている。

私はまったく新しく建てる必要を感じない。しかし補修では追いつかない状態になっている。「厄介」である。

なぜ入るべき墓がすでにあるのに、自分たち夫婦専用の墓を新しく造るのか？　墓こそ自分がこの世に存在したのだ、という最後の証であり、紛れもなく自己愛の表現である、と感じられる。「自分」から始まる「〇×家の墓」である。

老いると、こういうことまでしなければならないというか、こういうことができる、してもいい、という「世論」があるのだ。年寄りには大いなる慰めになる、といえるのだろうか？

3　人間はもろい存在だ

マイナス価値になったときやるべきこと

老いるということは自然現象である。生まれたものはすべて、衰退し、滅ぶ。これに逆らうことはできない。死は誰にでもやってくる。この点では老化や死を少しも恥じることはない。ひとまずはこういってみたい。

しかし考えてみる必要がある。老化（衰退）や死（衰滅）は単に存在価値の「減価」なのか、価値がゼロになったときが「死」なのか、ということをである。

多くの人が感じていて、公言しないのは、老化はゼロに向かう生命現象ではなく、プラス生存価値からマイナス価値への移行に違いない、ということだ。人間の場合、存在価値がゼロになっても生き続けなければならないからである。餌をとることができなくなった生物は、その時点が「死」であるのとはわけが違う。

しかし、世に通用しているのは「老人にやさしい社会」である。若い人がこれをいうのならわかるが、（マイナス価値になった）老人が「最近の若者は老人を大切にしない」などという。こういう心性は老人として恥ずかしくないか？　ましてや「年長者なのだから、偉いのだ、尊敬されてしかるべきだ」などという態度を老人が見せると、穴があれば入りたい。もちろん老人としてだ。

老人だから価値あることを示して、若者から尊敬されなければならない、などといいたいのではない。老人を敬愛する若者はいつの世でも少数派であり、若者の尊敬に値するようなことをする老人も少数派である。若いときには老人を疎んじ、老人になったら若者に冷淡になる。これが人間の通弊である。

重要なのは、この通弊から免れる努力を、若いときも、老人になってからでもできるかどうかなのだ。

老人がマイナス価値になってもできること、やるべきことがある。あとに続く人、若い人に感謝し、彼らを励まし続けることである。ところがこれができないのが、老人なのだ。しなくて当然だ、と思っている老人が大多数なのである。寂しいね。

老人は無責任で頑固になる

定年近くになる。会社の経営が大変だ。立て直しに全社員が力を合わせて頑張らなければならない。一応はこう思える。でもあと数年で定年である。それまで会社はもつだろう。ここで私がとくに頑張らなくてもいいんじゃないか。等々、どうしてもこういう気分になる。実際こういう言動を取ってしまう。

会社にかぎらない。家族のことでも、友だち関係でも、その存続維持に無関心になり、無責任になる。これは、自分の既得権や従来からの主張を守ろうとする頑固さと結びつくから、さらに厄介である。無責任と頑固さが背中合わせになる、これが老人特有の一般的傾向なのだということは自覚しておいたほうがいい。

じゃあ、責任感が強く柔軟性に富んだ老人がいいのかというと、ことは単純ではない。「飛ぶ鳥あとを濁さず」というではないか。できそうもないことを誠心誠意、全力を尽くしてやることのほうが、無責任という場合だってある。

頑張ればいい、というものではない。

八〇歳になった。私が守り育ててきた会社だ。いま一段階飛躍したら、会社も盤石《ばんじゃく》になる。それがなるまでは頑張る。こういう責任感の強い経営者はどうだろうか？　こういう経営者ほど、私の目の黒いうちは私の経営方針を変えることを許さない、という。これを批判しようものなら、激怒し、許さない。これは厄介だ。しかしこれはまだましなのだ。

高齢のトップが柔軟かつ軽率で、簡単に方向転換をしようものなら、それこそ厄介なことにならないか？　第一、よかれと思ってやる転換をとめることは誰にもできない。失敗は回復不能なものになる。しかもこのトップ、責任を取ったとしても、本人はそれですむかもしれないが、他の大部分にとってはあとの祭りである。責任感のあるものわかりのいい爺《じじい》ほど、よほど厄介なのだ。

老人が無責任で頑固になるのはやむを得ない。この自覚が老人には必要である。だから責任あるポストや主宰者を引き受け、牽引役を担うことにはくれぐれも慎重でなければならない。引き受けなければならない場合でも、形式的なもの、添え物の役割にとどまることだ。したがって高齢者を実質的なトップに据える組織は、もうそれだけで無責任と思っていい理由はある。

愚痴をいい、同情を求める

人間は認められたい、愛されたい、やさしくされたい厄介な存在である。その機会がどんどん少なくなってゆく定年後の老人の多くは、褒められ、愛され、やさしくされることに弱い。飢えているからだ。

いつの世にも通用する、人間をダメにする媚薬《びやく》がある。「過褒《かほう》」である。褒めることは人を励まし、成長させる常備薬だ。しかしたいていの人は過褒や溺愛には弱い。この媚薬は、とくに老人に効く。老人の心をめろめろにするだけでなく、財布の紐も存分に緩めてしまう。

老人になった、「過褒には要注意！」と、自らの額にお札を貼ることを勧めたいくらいだ。お前はどうかと聞かれたら、おだてに弱い、と正直に申告しなければならない。しかも、おだてられたいがために、高い金を払ってまで飲み屋に通っているという一面があることも疑い得ない。

老人になる。涙もろくなる。とくに同情心が増すというわけではない。辞書にあるように「自分の身の上にくらべて、しみじみ哀れに感じられる」（大辞林）のだ。他人の不幸を聞くと、わが身の幸せを感じ、他人の幸福を聞くと、わが身の不幸を感じるというようにだ。

また、愚痴っぽくなる。とくに「昔はよかった」式の愚痴が多くなる。じゃあ、昔に返ったほうがいいのかと問われれば、そうだとはいえない。現在の自分に対するまわりの冷淡さへの不満を、愚痴という形で、陰に陽にぶつけるのである。

涙もろいも、愚痴っぽいも、わが身の不幸を実態以上に嘆じる感情であるという点では、同種である。過褒や同情ややさしさが、この種の不幸感を見透かすように侵入してくると、老人はめろめろになってしまう。簡単に「詐欺」に引っかかってしまうのだ。

愚痴をいい、同情を求める。そんなことはつまらない、惨めだ、自尊心の放棄だ、ということはできる。しかし、愚痴と同情買いはなくならない。実際、男が酒場でしみじみと話す内容のほとんどは愚痴である。それを長々と聞いてほしいのである。同情してほしいのである。愚痴を長々と聞いてくれる相手が欲しいのだ。聞き耳を立ててくれるだけで、はけ口になる。やさしさに飢えて、詐欺まがいの手口に引っ掛かる穴埋めくらいはできる。

4　人間はこけつまろびつ生きようとする存在だ

ここはオレの席だ

電車に乗って優先席にでんと構える老人を見ると、同じ老人として、ちょっと以上に恥ずかしい。乳飲み子を抱えてあやしている若い母親を見据えるだけで席を譲ろうとしない老男を見ると、酷だ、と思う。この座席は、老人に恥をかかせ、非情にさせるために設置されているのか、と思えるときがある。

しかも老人たちは、「ここは（やさしくされて当然の）この（老）人間さまの席だ」といわんばかりなのだ。昔はこんな破廉恥な老人はいなかった、などとはいわないし、いえない。昔の老人だって、優先席などがあると、「ここはオレ（ワシ）の席だ」と、老人以外が座っていると腹を立てたに違いないからだ。

優先席、大いに結構だと思う。ところが悲しいかな、人間はそういうものができると、優遇席であることを忘れ、あって「当然」、なければ「許せない」という既得権感情に衝《つ》き動かされてしまうのである。

もちろん、老人が若い者たちと席を取り合いするのを見ていると、ちょっと酷だと思うが、なかなかやるな、と思えてしまう。老人をダメにするのは、子どもと同じように、過保護なのである。そのことを子どもは自覚できないから子どもなのだが、自覚できなくなった老人は「耄碌《もうろく》」したということを自白しているのである。

素敵な老人の美質に「痩せ我慢」がある。私の母には、子どもだから見逃すことができたものの、人間が普通にもっている以上の欠陥、悪徳とよんでいいほどの性質がいくつもあった。しかし、母はほかの誰ももち得ないほどの美質、「痩せ我慢」という心性をもち合わせていた。一面では「いいふりこき」である。他面では「自尊心」である。この心性を自分で裏切ることを断固拒否した。誰に対してもである。老人になってからでもある。

いいふりこきには往生させられたが、母の自尊心だけは受け継ぎたいなと思えた。いいふりこきのほうをより多く受け継いだように思えることが、つくづく残念である。

私が仰ぎ見る先輩老人たちはすべて「痩せ我慢」の人である。転げながら、転びながら「痩せ我慢」に耐えている。否、楽しんでいるようにさえ思える。これでいいんじゃないか？

とんでもない自慢がしたくなる

私の父に語り出したら止まらない「自慢話」があった。戦争に行ったときの話である。それも心躍り、楽しくてしょうがなかった話ばかりである。父から、子どものころの遊びや学校での話を聞くことはまったくなかった。

ところが父は長男で家業を継いでいた。だから、赤紙がきたからというのではなく、二度とも志願兵で、場所も郷里からさほど遠くないところで、期間も短期だった。私が祖母から聞いたかぎりでは、戦争（戦闘）に行ったのではなく、軍隊生活という名の共同生活を経験したように思えた。父には一度も、実家から出て、他人の釜の飯を食うという経験がなかったのである。

大学受験に失敗して浪人を余儀なくされた一八歳の時である。最初に下宿した京都のK家の主人は、シベリア抑留（強制労働収容所）帰りだった。ぽつりと漏らしたのは、戦争の苛烈さを一言でも口に出したら、現在の生活を送ってゆけなくなる、というものだった。戦後一五年たっているのに、Kさんは戦争のことを語ることができなかったのである。

私は、父が戦争の実態も知らずに、戦争を賛美しているのんきで鈍感な人間であるなどといいたいのではない。父の人生は、他人から見ると羨ましいかぎりに見えただろう。家業を継ぎ、戦前も戦後も、誰に従属することなく、物質的にも精神的にも何不自由なく生活できたからである。しかし、父にしてみれば、はじめて上官に服従し、可愛がられ、あるいは失敗してしごかれた兵舎生活が、ほかではまったく経験したことのないひりひりするような刺激のある期間だったに違いない。そう、旧制高等学校時代を懐かしむ心性と同種のものである。

老人はとんでもない自慢話をしたくなるものである。尾鰭《おひれ》に尾鰭がついて、サンマ程度の魚が、マグロにも鯨《くじら》にもなってしまう。話しだしたら抑制が利かなくなるのだ。自慢話は老人にだけ特有なものではないが、老人のは垂れ流しになる。延々と続く。それで誰も耳を傾けなくなる。

自慢話をしている自分を発見したら、あなたは立派な老人だと思っていい。その話が垂れ流しになっていたら、古老期に入りつつある、と思っていい。レコードの空回りである。でも黙ってつくねんとしているよりいいのではないだろうか。

自分をちょっと褒めてやれる生き方を

私は老人を咎《とが》めるために、この章を書いているのではない。人間はいずれは死ぬのである。だからどう生きたっていいじゃないか、という理屈だって成り立つだろう。しかしこれは居直りだろう。

どう生きたっていいのなら、少しはまとものほうがいいのじゃないか、楽しいだけでなく良質な生き方だってある、そのほうが気分もいい、といいたいのである。結果からいえば、無視されることに変わりはないだろう。だが自分をちょっとは褒めてやれる生き方のほうがいいといいたいのである。

居直りたくない。私はそう思う。自慢したくない。でも自慢している自分を発見してしまう。それが老いの一般的な姿だとわかっていても、ほんの少しくらいは抑えてみたいと思う。じゃあどうするか？

一つは、まわりの人の親切に感謝する。これくらいはいかなる老人でもできる。

一つは、まわりの人を、とくに若い人を励まし、褒める。これはあんがい難しいが、他人にやさしい気持ちになればできないことはない。「老人にやさしい社会」ではなく「老人がやさしい社会」ならば可能なのだ。

一つは、親に感謝し、子を許す。親への感謝はおのずとできる。親はすでに存在せず、障害になることはなく、自分が親の立場、感謝されるべきはずの立場になっているからだ。だが子を許すことは難しい。それでも子が許し難いことの過半は、親である自分にあると思えたら、心は少し安まる。

ということは、自慢することをやめることはできないが、他者への感謝、親切、許しによって、多少とも希釈できるのではないかということなのだ。

ただしものわかりのいい、悟ったような老人になればいい、といいたいのではない。諦念はイヤだ。力のあるかぎり何ごとかをなそうと思って生きたいね。ここまで書いてきて、老後もバタバタするのだろうな、と思える。居直らずにそう思える。

あとがき

六〇代の後半を迎えた。一度も若いときに戻りたい、と思ったことがない。強がりではない。

理由の一部には、あれほどの苦渋（？）は二度と嘗《な》めたくない、という思いがある。つらかったのは事実である。じゃあ、若いときは苦痛だらけだったかというと、およそ逆ではないだろうか。よくよく思い返せば楽しいことの満載ではなかったろうか。それでも戻りたいとは思わない。

では若年時に戻りたいと思わない理由は何か？　どのような幸運があってなのか、今日なお充実した仕事ができているからだ。これがもう少し続きそうに思える。これほどの幸運に二度出合うなどとは想像できかねる。

また三〇代のときはおろか、五〇代を過ぎても判然としなかったことが、少しずつ薄皮が剥《は》げるように見え隠れしてきたことだ。まだまだわからないところはある。だからこそわかろうともする。しかし、居直りとしてではなく、自分なりの歩み方がしっくりしてきたのである。自分なりの哲学といってもいい。もちろん耄碌《もうろく》はすでに始まっている。別にそれと闘っているわけではない。だが否も応もなく自覚させられる毎日である。ただし耄碌に組み敷かれることを肯定したくない、まだ当分は組み負けない自信めいた気持ちがある。

なによりも「自分」を愛おしく思えるようになった。無数にある欠陥を含めてだ。これは、老人にありがちな、無際限の自己肯定、居直りと地続きでもある。歯止めがないとまずい。しかし、いい時代に生きている、いい家族をもった、いい生き方をしている、こういう「肯定」の心は、イヤな時代を生きている、褒められた家族をもたなかった、なんと無駄の多い生き方をしているのか、という否定的要素とともにあっても、薄まらない。

でも私のまわりの人に、マスコミが激しく報じるように、口を開くと孤独だ、不安だ、潤いがない、という人が少なからずいる。実際に孤独や不安で悩んでいる人はいる。事実だ。でも私たちが現前にしている「老後」は日本史上空前（絶後？）の豊かさのなかにあるのではないのだろうか？

社会学者のリースマンは「孤独な群衆」といった。現在の老人は「不安と孤独のなかの豊饒《ほうじょう》」に直面しているというのが私の判断だ。もちろん、困難の根はこちらのほうが深い。簡単な処方箋があるとも思えない。

でも人間は「孤独」や「不安」を考えることで、まずくすると孤独や不安地獄に陥ることもあるが、やり方さえ間違わなければ、そこから脱することも可能なのだ。ただし「孤独」や「不安」がなくなるわけではない。孤独や不安が人間存在にとって不可欠な意味がわかるということだ。「孤独」があるから人生も人間関係も豊かになる、という意味をである。

老人なのだ。人生のベテランなのだ。妻やポチが死んだから孤独だの、年金が十分でないから不安だなどとほざかないでほしいな、と思う。ほざく場合でも、短期間にしてほしい。私のまわりの少し年上の女たちは、連れあいのいない人生を満喫している。対して男はじつにだらしなく見える。かくいう私も妻がいなくなったらたちまち困る。でもここが踏ん張りどころである。

本書は、人生の途上、足元が少しふらつき始めた男たちが共通に抱える（であろう）問題を正面に据えている。六〇～九〇代まで続く人生を味わい深く生きてゆこうとする人たちに資することを目指している。あるいは私の独り相撲になったのでは、という危惧もある。しかし身の置き所がないと少しでも感じ始めた男たちに贈るメッセージだと思ってほしい。いくぶん足元を乱した自分自身の経験を踏まえて書いたつもりである。参考になりますように。

二〇〇八年一月末日

本書を出して五年余、「定職」を辞した。私自身にも、本書に書いたとおりの本格的な「老後」が始まった。自由業である。やりたい「仕事」はまだいくつか残っている。新しい仕事が来なくても、いま残っている仕事をやってゆけば、尽きないようにも思える。幸運というべきだろう。でも新たに来る仕事もしたい、という欲もある。強欲かな。

本書（海竜社版）はまずまずの読者を得ることができた。それが昨年の『定年と読書』につづいて、文芸社文庫に入ることになった。書名を改めたが、内容に変更はない。ともに文庫編集長の佐々木春樹さんの勧めによる。感謝のほかない。

二〇一二年八月中旬　夏を終えようとしている馬追山から　鷲田小彌太

本書は、二〇〇八年三月、海竜社から発売された単行本『男の老後力』を改題し、加筆・修正し、文庫化したものです。

文芸社文庫

定年と幸福 男の老後力

二〇一二年十月十五日　初版第一刷発行

著　者　鷲田小彌太
発行者　瓜谷綱延
発行所　株式会社　文芸社
〒一六〇‐〇〇二二
東京都新宿区新宿一‐一〇‐一
電話　〇三‐五三六九‐三〇六〇（編集）
〇三‐五三六九‐二二九九（販売）

印刷所　図書印刷株式会社
装幀者　三村淳

ISBN978-4-286-13125-2